鎌田由美子流
メイクで人生を
素敵に変える

CHANGE!

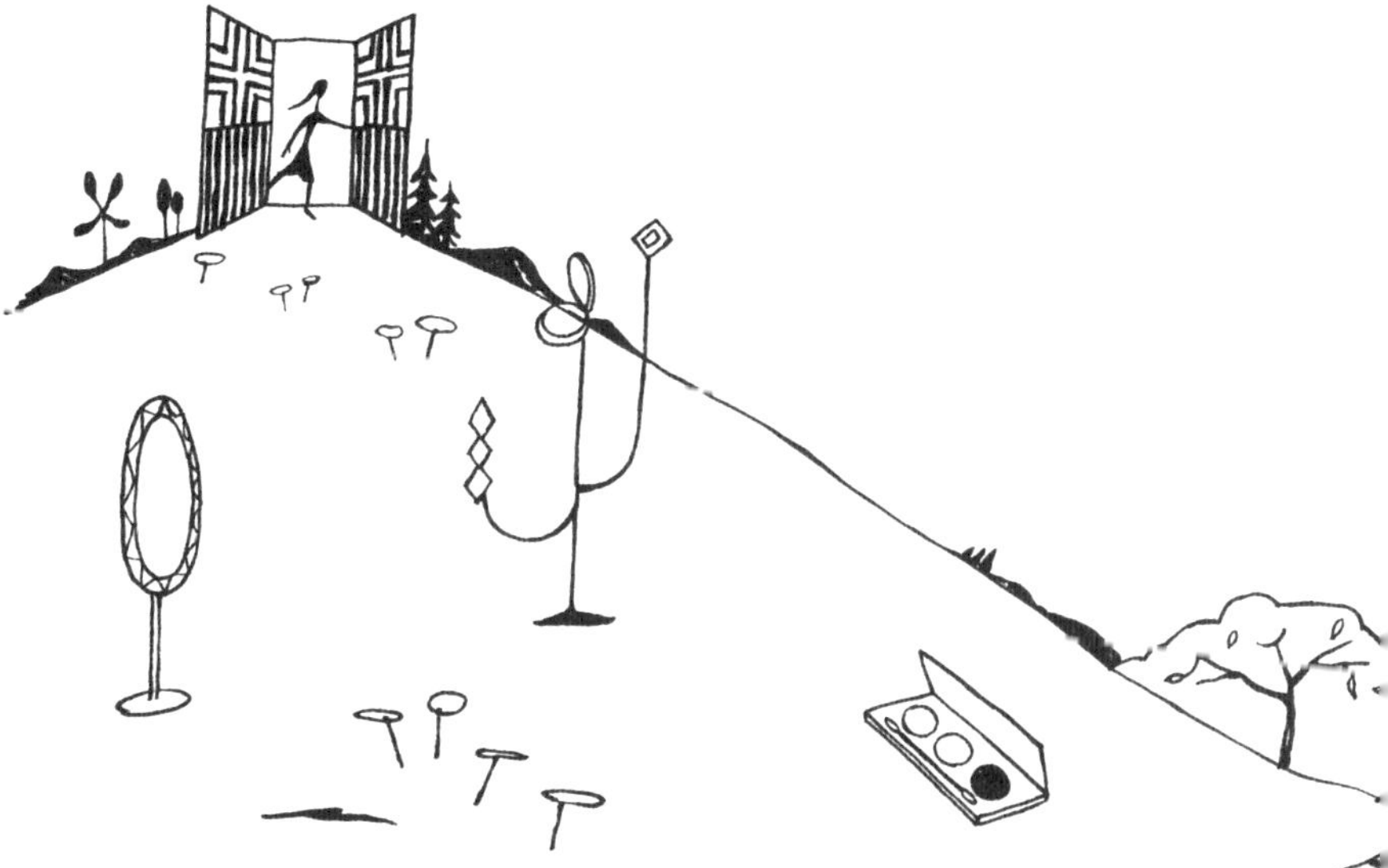

あなたを心地よくする大好きなメイクを知り、人生を素敵に変えるヒントになれればと願って──

その日その日で、メイクが与えてくれるものは変わります。あるときは元気を与えてくれるもの、あるときは華やぎを与えてくれるもの、あるときは落ち着きを与えてくれるもの……。メイクはいつも私にパワーを与え、夢に向かって変化するためのきっかけをくれるものでした。

ヘア&メーキャップアーティストになって30年近い年月が経ち、仕事を通してたくさんの感動や喜びを感じてきました。華やかな仕事の裏側で、緊張したり、落ち込んだりしたときもありました。でも、つまずきながら進んできたからこそ、起き上がるためのヒントをたくさん身につけました。ネガティブになったときは自分の素直な気持ちを紙に書いて、シュレッダーにかけること。人にされて嫌なことは絶対に人にしないと誓うこと。あえて「頑張らない日」を作ること。心豊かに生きていくために、好きなものを取り入れること。そして、自分が素敵に見えるメイクをすること……。

そう、メイクはいつも私のそばにあり、回復するための最高の手段でした。仕事でもプライベートでも、頑張って乗り越えようとするときに、メイクは私とともにありました。新しいメイクをして、心を切り替え、前へ進む――メイクとともに変化に富んだ人生を送ってきました。

答えはひとつじゃない、そう思えてからは楽観的になった気がします。人生の選択も、仕事での選択も、ヘアメイクで何を選択するかも、すべて答えはひとつではありません。もし間違えたと思っても、事実を受けとめる強さがあれば「こんなこともあるよね」と自力で補整していけると思うのです。

だからこれからの人生、まだ知らないことや新しいことが私を待っていると思いますが、それが楽しみでたまりません。そのときに「好き！」「楽しい！」とすぐには思えなくても、私なら何かをトライするうちに必ず、好きなものや楽しいものを見つけられる。そう思えます。

今回はご縁があって、美に携わる仕事を通して得た考え方や感じてきたことを書かせていただきました。私の人生から、メイクが持つポジティブな効果や、失敗を乗り越えるパワーなどを感じていただければ幸いです。多くを乗り越えて変化できたからこそ、私らしいメイクが生まれたと感じています。

本書を刊行するにあたり、たくさんの方々に大変お世話になりました。『着物へアメイクの発想』と本書をあわせ、書籍化を実現してくださった誠文堂新光社の中村智樹さん。あとがきを寄せてくださった、いつも素敵な中野裕之監督。美しい写真を撮ってくださった、フォトグラファーの小池徹さん。デザイナーの宮崎絵美子さん。イラストレーターのミヤギユカリさん。京都ファッションカンタータ開催委員会の皆様。JR西日本コミュニケーションズの岡田悦治さん。女優の杏さん。私の先生、水谷八重子さん。恩師であるホテルオークラの与儀美容室、与儀みどり先生。また、ヘア＆メーキャップアーティストとして育ててくださった、資生堂とビューティークリエーション研究センターの皆様に心から感謝しています。資生堂学園の大竹政義校長、SABFAの富川栄校長と恩師の伊東芳乃先生、マネージャーの壬生陽子さん。私の大切な両親、家族、友人、お世話になった方々にも感謝を贈ります。そして最後に、一冊の書籍は編集・ライターの富永明子さんに出会えなければ実現できませんでした。素敵な出会いに心から感謝しています。

本書をお手に取ってくださった皆様へ。皆様が自分らしい大好きなメイクを知り、人生を素敵に変えていくヒントとなる一冊になれば幸いです。

2015年　初冬　鎌田由美子

もくじ

PART 3
鎌田流メイクメソッドで美しく変わる！

最新の美を求めて——

THE MAKE-UP MODE OF YUMIKO KAMADA

空気の澄んだ美しい冬の夜に映える、クラシカルでクリーンなイメージのメイクです。目もとは、淡いパープルとグレーのアイカラーにブラックのアイラインをすっきりと入れ、瞳の美しさを印象づけます。口もとは青みのピンクで抜け感を出しました。冬空にきらめくダイヤモンドのジュエリーが、クリーンなツヤ肌をゴージャスに引き立てます。

美しい絵画をイメージした、ドラマティックなメイクです。透き通る美しい肌に、繊細な輝きのあるゴールドとブラウンのアイカラーをのせ、グラデーションに。まつ毛の美しさが際立ちます。ほのかなオレンジのチークとヌードカラーのリップ、繊細なボディジュエリーが肌の美しさを強調し、神秘的な雰囲気をかもし出します。

PART 1

あなたらしいメイクで素敵に変わる！

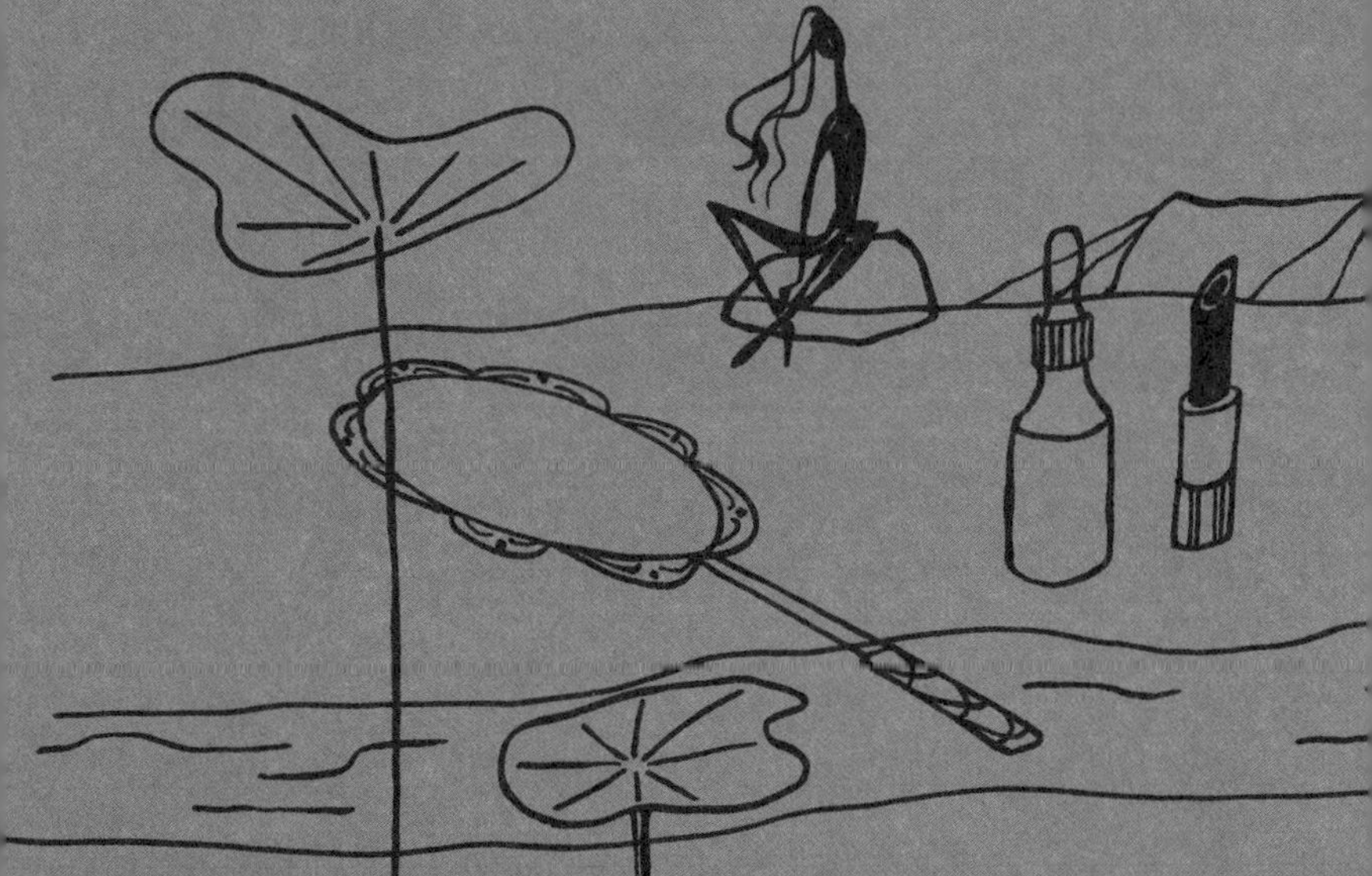

メイクはあなたの背中を押すスイッチ！

不慣れな場所で緊張したり、初めて取り組むことで自信がなかったり……人生では、心を強く持って自分を変えないと乗り越えられないシーンに、いくつも遭遇しますよね。

私はもともと引っ込み思案な性格で、できれば家にいて作り物をしたり、あれこれ考え事をしたりしていたいタイプ。自信満々という性格ではなく、美容学校では動作がゆっくりしているので、ついたあだ名は「カメ」というくらいのマイペースぶり。親しい友人とははしゃぐことができても、緊張する場面は苦手でしたし、自分から積極的に進んで前に出て、自分のことを話すようなタイプでもありませんでした。いつから人と関わることが楽しくなったのでしょうか……。

ヘアメイクという仕事柄、初対面の方に心を開いてもらってメイクしたり、多くの才能あるアーティストと共同作業をするために人に伝えたり、人前でお話ししながらレクチャーをしたりと、積極的にならざるを得ないシーンはあり、今でも緊張することは多くあります。

そんなとき私を支え、変わるためにパワーを与え、背中を押してくれたのは「メイク」でした。「今日はちょっと緊張しそうだな」というイベントの日は、いつもよりうんと時間をかけて、ゆっくりとメイクをします。自分でも満足のいくメイクを施して鏡を見ると、いつもより少し自信が持てる。よい感じに仕上がったという満足感と、いつもよりキレイになれたという喜びが、自然と笑顔を引き出し、心地よい緊張感とともに胸を張って前に進ませてくれる……そんな気がするのです。

そうしてメイクに背中を押してもらうたび、引っ込み思案だった私は少しずつ変わっていきました。もちろん、今でも内気な面はありますが、こうと決めたら突き進むパワーも、バランスよく使えるようになりました。

20代の私はファッションに合わせ、メイクもヘアスタイルもいろいろチャレンジしていました。若いころはちょっと無理して肩肘を張り、どこかクールで尖ったメイクをしていました。いっぽう、少しキャリアを積んでからは、シックで穏やかな雰囲気のメイクになったように思います。

「自分が自分を創る」ということかもしれません。カッコよくて潔い性格になりたいときは、すっきりとクールなメイクをする。優しい雰囲気を身につけたいときは、ふんわりと甘いメイクをする。メイクによって心のスイッチを入れ、少しずつ「こうなりたい」自分に近づき、変化していくのだと思います。だからこそ、メイクはとても大切なアイテムです。

また、ずっと突き進んで、走り続けて疲れたときも、メイクは心強い味方です。頑張りたくても頑張れないとき、ちょっと立ち止まって休んでから、今までと違うメイクを施してみる。最初はしっくり来ないかもしれませんが、それで外に出てみると、少しずつ気持ちが前向きに変化するのを感じるはずです。

外見を変えることで、心の持ち方まで変わってきます。「なりたい自分」「行きたい場所」「やりたいこと」に向けて、自分自身を高め、連れて行ってくれるための特別なアイテムがメイクだと思います。それがメイクの持つ、最大のパワー！

メイクにはさまざまな効能があると思いますが、元気が出ないときや行き詰まったとき、変わりたくても変われなくてもがいているときこそ、メイクの力を借りることが変化の第一歩になるかもしれません。疲れたときは、手抜きメイクもよいかもしれませんが、ひと息ついたあとは「これから私どんなふうになりたいかな」「自分はどんなメイクが似合うかな」と、考えてみてはいかがでしょうか？

「好きなメイク」を「似合うメイク」に変える

ヘアメイクのイベントや講習会で、よく「私に似合うメイクを教えてください」「私に似合う色ってなんですか？」と聞かれます。どんなに親しいお友達でも「そのメイク、似合わないよ」なんて、なかなか言ってはくれません。だからこそ自信のない時には「実は似合っていないのでは」と不安に思って、アーティストに選んでほしい、聞いてみたい気持ちはとてもよくわかります。

私はいつも、自分の好きな世界観やイメージ、女優やトレンドなどから、具体的なメイクを考えることをおすすめしています。なぜならば、もしそこで私が選んだ「あなたに似合うメイク」が、あなたにとって心地よいものでなかったらどうでしょう？好みではない色、目指したい方向性と違いすぎるメイク……きっと、どんなに似合うと言われても、好きでなかったら身につけないはずです。だからこそ自分の好きなものがあって、それを似合う方向に近づけていくのです。

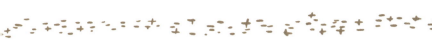

たとえば、オードリー・ヘップバーンのメイクが好きだとします。あなたはそのどこが好きなのかを考えましょう。意志を感じるきりっと太い眉、アイラインをしっかりと引いたバンビのような目、ふっくらとした唇、それとも全体の雰囲気でしょうか……どれも素敵です。しかし、どんなに好きでも、そのまま真似しても似合わないのが現実問題。

そんなときはオードリー・ヘップバーンの「どこが好きなのか」、そして「なぜ自分には似合わないのか」を深く考えます。まず、一度そのまま真似してみて、一体どこが似合っていないのかを突き止める。太眉が合わないのかもしれないし、アイラインと目の形が合わないのかもしれない。似合わない理由を見つけて、今度は「どうしたら似合うようになるか」を考えて、調整していきます。

大事なのは全体像で、トータルバランス。全体として、ヘップバーンの雰囲気になることが大切です。たとえば太眉が強すぎれば、太さはそのままで眉の色を明るく仕上げたり、少しなだらかに描いたりしたほうが、顔かたちに沿って、自然と彼女に近づくかもしれない。あるいは、ほかは変えずに唇を真似しただけで、かなり雰囲気が近くなるかもしれない。顔は人それぞれ異なるので、そのまま真似をしてもうまくいかない場合があります。真似ではなく、エッセンスを取り入れて雰囲気を近づければ、「好きなメイク」がおのずと、あなたに「似合うメイク」になっていきます。

新しいメイクへの挑戦は楽しくもあり、勇気が必要でもあります。私がよくやるのは、家でそれを試したあと、よい感じであれば一度近所に外出してみること。買い物に出かけたとき、鏡に映る自分がどうか。まわりの人が、どんなふうに接してくるか。少し恥ずかしくても、家とは違う環境になじませたとき、自分がどう映るのかを試してみるのもおすすめです。

メイクが得意な人は、好きなものと似合うものを交差させるのが上手な人だと思います。好きなものを似合う方向に引き寄せていく意識があると、だんだん「好き」と「似合うこと」が近づいて、好きなものの周辺にバランスの取れた似合うものが見つかるようになる。似合うものを知りたいなら、あなたが好きなものを掘り下げることが、センスアップの近道かもしれません。

嗜好と個性とＴＰＯで選ぶ「バランスメイク」

前ページで「大切なのは全体像で、トータルバランス」と書きましたが、これは顔のバランスだけを指しているわけではありません。あなたに似合うメイクを考える際に、もうひとつ意識したいのがファッションです。

私たちは自分の好みに合わせて顔にメイクを施しますが、それが身にまとうファッションとかけ離れてしまっては、せっかくの化粧も服も魅力は半減してしまいます。それに、着る服のことを考えずにメイクのことだけを考える人も、そう多くはないでしょう。大抵は「あの服が着たいな」というところから、それに合うヘアやメイク、あるいは小物をコーディネートしていくと思います。

メイクもファッションもどちらも「好き！」と感じるものひとつひとつを考えてみることで、トータルにバランスの取れたコーディネートに近づきます。私が普段、ヘアメイクを考えるときのプロセスをお伝えしましょう。

メーキャップの方向性とマストアイテムを決める

絶対に身につけたいアイテムを、好きな女優さんやモデルさん、気になるメイク、使ってみたい化粧品などから選び、それのどこに心惹かれているのかを考えます。かわいいから？　色や質感？　ここでメイクの方向性を絞り込みましょう。

自分が好きな世界観について考える

自分自身が現在好きなテイストについて考えます。ふんわり優しい雰囲気？　スタイリッシュでモダンな感じ？　かわいらしくてガーリィ？　エレガントな上品さ？　ここで見つけるのは、現在のあなたが望む個性なので、できるだけ具体的に考えます。

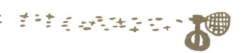

◉出かける場所とシーンを考える

最後に考えたいのが、TPOについてです。いつ、なんの目的で、どんな場所に出かけるのか？　どんな人が来る場なのか？　日常的なのか、主役として目立っていいのか、華美すぎないほうがいいのか？　など、想像してみましょう。

ここまで整理してみると、オシャレの方向性がはっきりしてきます。あなたが好きなもので、かつメイクもファッションもトータルでバランスの取れたものを選びやすくなるでしょう。

たとえば、モデルの蛯原友里さんが好き、大人っぽい雰囲気がありながらロマンティックなテイストが好き、お祝いの席に行く……と考えると、メイクの方向性がはっきりしてきます。こんな風に好きなことを整理して、あなたの嗜好と個性、そしてTPOに合った、バランスのよいトータルコーディネートを実現させましょう。

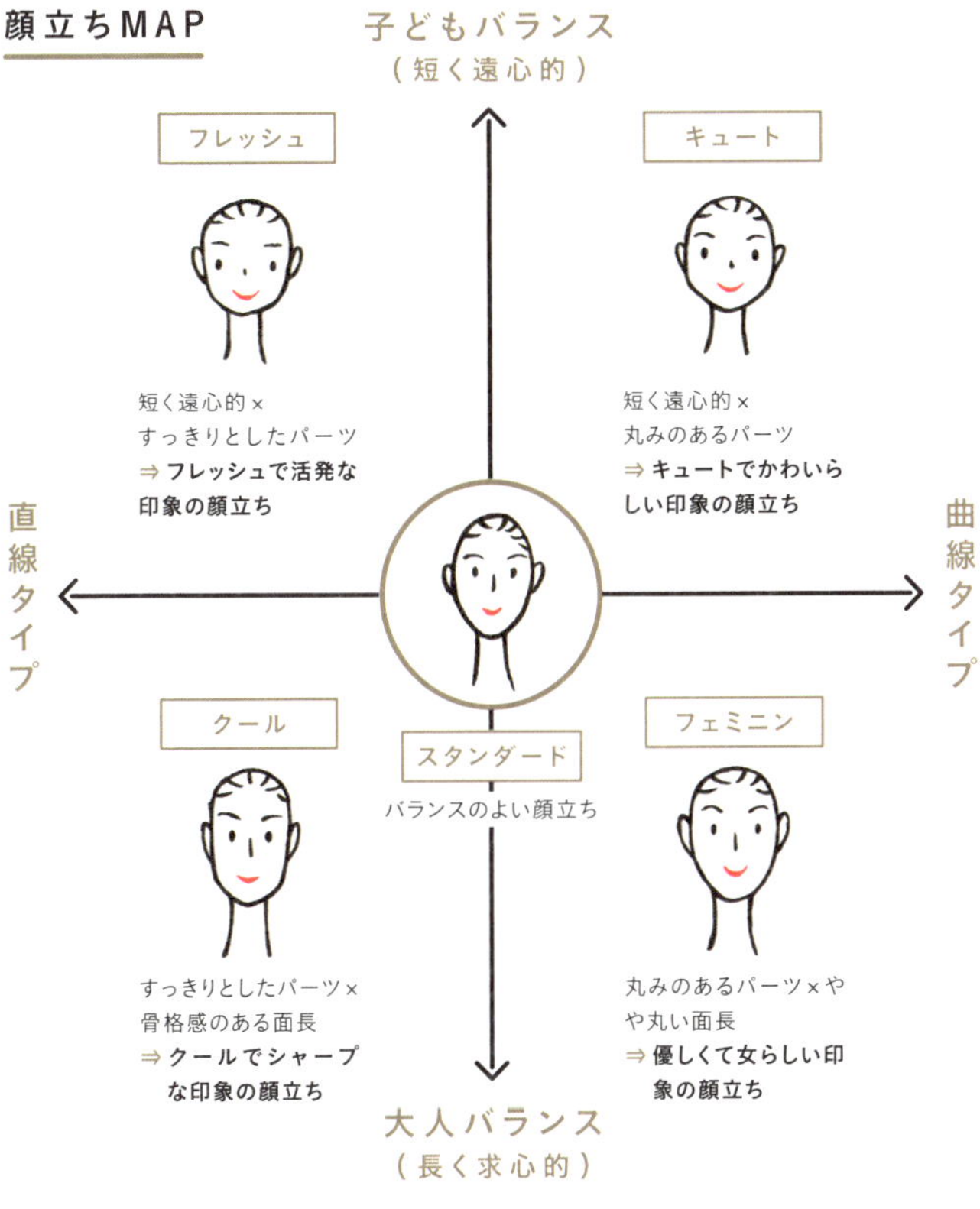

自分の個性を考えるときに参考にしたいのが、この「顔立ちMAP」です。顔のバランスと輪郭、形状によって、印象が分かれ、中心から離れることで個性美が際立ちます。自分自身の個性を意識すると、どこを足し引きして調整すればいいかが見えやすいはずです。

メイクの工夫で「本当の私」が伝わる

小学生のころ母に連れていかれた美容室で、「あのお姉さんに髪を切ってほしいな」と思ったことを覚えています。まだファッションに目覚めてもいない子どもながらに、キレイにお化粧をして服装もオシャレなお姉さんからキラキラしたものを感じていたのですね。

こんなふうに人は外見から「こんな雰囲気の人だ」と察知します。この第一印象が自分らしい個性と合致していればいいのですが、かけ離れている場合は、そのギャップに戸惑うことも多いでしょう。そして「どうしていつも、本当の私の魅力をわかってもらえないのか」と悩んでいる人を手助けするときに、メイクは絶大な効果を発揮すると思います。

なぜ、メイクはそれほどの効果をもたらすのでしょうか？

メイクの外見的な効果は、顔の骨格やパーツのバランスを整えてくれることにあります。そしてメイクは「色・形・質感」の3つが持つ特性をとらえています。色を足すことで明るさや華やかさなどのイメージを足し、顔の輪郭やパーツなど、顔のバランスを変化させ、質感の持つ特性で「落ち着き」や「生命力」を与えていきます。この3つの効果で、自分自身の個性を大きく変化させることができます。

メイクの効果を実感する入り口として「色」はわかりやすいものですが、明度・彩度・色調などがあり、全体をコーディネートすることはなかなか難しいものです。赤、ピンク、グリーン、ブラウン、ゴールド……など、好きな色も人それぞれ異なります。

よく「私に似合う色はなんですか？」と聞かれますが、その場合いつも私は、その方の好きな色をお聞きします。そしてその色が、その方の肌になじむかどうかを確認してから、次に色を大きく「黄み系」「青み系」に分けてチェックしていきます。

たとえば、赤のなかにも「黄みがかった赤」と「青みがかった赤」があります。ピンクやブラウンも同様です。赤が大好きで、赤を自分らしく似合わせたいのに、なぜかしっくりこない……というときは、選んだ色が肌になじみすぎたり、浮いていたりする場合があります。反対の系統の赤を取り入れることで、一気に解決することがあるのです。

また、同系色でまとめすぎるのも注意が必要です。たとえば、黄みが強い肌に対し、ポイントメイクもオレンジやベージュなど、すべて黄みがかった色で仕上げると、どんなにメイクが素敵でもかなり顔が黄色く見えてしまうことがあります。こんなときは、目もとか頬、口もとのいずれかに、青み系の色合いを取り入れると、仕上がりに変化がつきます。黄色っぽい印象から、少し元気で華やかな雰囲気がプラスされます。青みにおいても同様で、青白い肌に青系のアイテムばかりを重ねすぎないように気をつけてください。好きな色を似合う色に変えるには、このような工夫があるとよいと思います。

そして、大人はぜひ質感を掘り下げていただきたいと思います。大人になると、若いころと肌の質感が変わってくるので、質感選びを工夫するだけで若々しく見せたり、上品に見せたりとイメージをコントロールすることができます。しかし、選び間違えると老けて見える場合もあるので、質感については後ほど詳しくお伝えしますね。

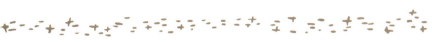

一方で、心理的な効果も見逃せません。資生堂では、お化粧の心理的効果も研究を進めてきました。こちらが心理効果です。

- **積極性**……人に会いたくなる、自信が出る効果
- **リラクゼーション**……くつろぐ、リラックスできる効果
- **安心感**……心が落ち着き、恥ずかしさがなくなる効果
- **気分の高揚（対外的）**……表情が明るくなり、やる気が出る効果
- **気分の高揚（対自分）**……晴れ晴れとし、嬉しい気持ちになる効果

とくにお化粧によって、20代は積極性が高まり、30〜40代は表情が明るくなり、やる気が高まります。そして、50代はリラクゼーションや安心感が高まることがわかっています。

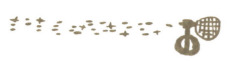

このように、外見的にも内面的にもメイクはさまざまな効果をもたらし、上手に使えば自分の魅力をよりよく演出することができます。外見的には、豊かな表情や美しさを演出でき、内面的には、心を輝かせて自信と安らぎを与えてくれます。好きなメイクをすることで自信が生まれて、よりナチュラルに「本当の自分」を前に出しやすくなり、魅力がアップするでしょう。

また、なかにはメイクをすることで、まったく別人になりたいと思う方もいらっしゃいます。変身願望のある方にとっては、メイクは素の自分を表現する手法というよりも、異なる世界へ自分を誘う手段になります。それもまた、素敵なことだと思います。自分が「好き！」と思える世界に誘われることで、心地よさを感じられたら一番ですよね。

メイクを通して、素敵に変わったお客様

私は現在、月に一回、銀座にある「SHISEIDO THE GINZA」にて、パーソナルレッスンをおこなっています。ここでは、プライベート空間で直接、上質なメーキャップを覚えて楽しみたい方に向け、私のメソッドを駆使したメイクテクニックをレクチャーしています。レッスンを受けたお客様の多くに、自分らしい魅力を引き出すメイクを覚えたと喜んでいただき、あとから「変わりました！」と報告してくださる方もいます。最近では、女性管理職の方に向けたエグゼクティブメイクの依頼が増えたのも特徴です。

そこで先日、いらしたお客様のなかに「自分の個性を出しながらも、職場や役職にふさわしく変化するのはどうすればいいのか」とご相談の方がいらっしゃいました。

キャリアを積むために頑張ってきたからこそ、「若いころのように友人とメイクの話をするような環境ではなくなり、今の自分に似合うメイクを知りたい」と考え、お越しくださったようです。

その方がお勤めなのは、とある外資系のホテルで、華やかなイメージが頭に浮かびます。でもその方は、落ち着いた雰囲気で、もう少し華やかにされてもいいのではないかと私は思いました。じっくりお話をしてみると、管理職として昇進されて、部下を引っ張っていく立場になられたと。人前に出る機会が増え、講座でレクチャーすることや取材を受けることも出てきたので、職場の華やかさに合った雰囲気を身につけたいと思っていらっしゃることがわかりました。

骨格のはっきりとした面長の顔立ちで、髪型はストレートのボブ風スタイル、髪の色も暗め。全体的に、ご本人が気にしている「かっちりと硬い雰囲気」をさらに強調する結果になっていました。でも、時折見せる笑顔が素敵です。思い切って私が、「失礼ですが、風紀委員のようですね」と笑顔で話しかけると、「えーーっ!!　どうすればよ

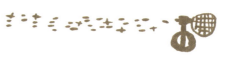

いですか?」と、人柄のにじみ出る笑顔で質問されました。

そこで、全体的に明るさと曲線を入れるヘアメイクのアドバイスをしました。眉やアイラインをふんわりやわらかく、適度なツヤのあるチークに、上品な色合いのリップ……と、管理職だからこその風格を保ちつつ、場に応じた落ち着きと華やかさを持ち合わせたメイクを提案しました。レッスンではヘアアレンジはおこなっていないのですが、少しだけ顔まわりにヘアアイロンを入れて「前髪はこう流して曲線を入れたらどうですか」など、アドバイスもさせていただきました。

若いころのお写真を見せてくださったのですが、昔はアウトドアを楽しんでいらして、むしろ派手とも言える雰囲気! もともとは華やかなものがお好きだったのですが、「仕事だから変えなきゃ」とご本人が強く思っていらしたんですね。ですから、適度に華やかさのある仕上がりを見て、いっそう喜んでくださいました。

その後、ご本人から「ヘアもメイクも変えてみたら周囲の反応がとてもよくて、数年振りにお会いした友人からも何があったの？　と尋ねられました」と報告が来ました。さらにその後、ご本人にお会いする機会がありました。

……ビックリ！　思わず二度見してしまいました。髪もメイクもほんの少し曲線を加え、やわらかく上品に変わって、ご本人のファッションもそれに合わせて色の美しい華やかなものに。キレイなスカーフをふわりと巻いて「頑張って毎朝メイクしてます」と素敵な笑顔で言ってくださり、とても感動しました。

メイクは時間も手間もかかるので、きっと彼女の朝は以前より忙しくなったことでしょう。でも、人に褒められたり、仕事がうまく回るようになったり、新しいメイクやファッションを取り入れたりする喜びのほうが、きっと勝っていたのだと思います。それは、そのお客様が私の前で、心の覆いをぱーっと取り払い、心を開いてすべてのアドバイスを受け止めてくださったからだと思います。メイクで素敵に変化するには、私がよいアドバイスをできることももちろんですが、心を開いて聞いてくださることも、とても大切なのです。

「なんだかメイクが苦手」な方の共通点

高校卒業の数日後に、六本木にあった有名な美容室で、ヘアメイクをしてもらったことがあります。当時はまだヘア＆メーキャップアーティストになりたいという気持ちはなく、美容師になりたいなと思っていたころでした。

美容師さんがカット、パーマ、ヘアアレンジからメイクまでしてくれて、仕上がった顔を友達と見合わせて、ふたりで感動と驚きで叫んだのを覚えています。自分のことをキレイと言うのも変ですが、メイクでこんなに素敵に変わるんだ！　という感動と、プロの技術のすばらしさにも見惚れてしまって。これが初めてお金を出して、プロにメイクをしてもらった経験でした。

こういう感動があるかないかで、メイクへのモチベーションは大きく変わると思います。「なんとなくメイク全般が苦手」「メイクを試す意味を感じない」「メイクがちっとも上手にならない」という方の多くが、自分が素敵に変化するメイクの体験をお持ちでないのでは、と感じています。

また、メイクを始めた最初のころに、誰かに「今日、濃いんじゃない？」と言われた経験や、頑張って自力でトライしてもうまくできず、買ったコスメを使わなかった経験など、ネガティブな思い出が残ってしまっていることもあります。それがメイクへの苦手意識や気恥ずかしさにつながっているかもしれません。

「失敗は成功のもと」ということわざ通り、失敗もまたよいきっかけになることは間違いありません。そんな場合は、ぜひ一度、プロにメイクする機会を作ってみてください！　化粧品を買うとき、デパートのカウンターで「試してもいいですか？」と声をかけてメイクをしてもらうと。発見があると思います。または、ブランドごとに開催しているメイクイベントもいいですね。

ただ、「何か買わされそう」「人の多いところは苦手」という方もいらっしゃいます。

その場合は、思い切って有料のメイクカウンセリングに出かけてみてはいかがでしょうか？　私がレッスンをおこなっている「ＳＨＩＳＥＩＤＯ ＴＨＥ ＧＩＮＺＡ」でもそうですが、プライベートな空間で自分のためのメイクレッスンはおすすめです。ぜひアーティストに、好きな雰囲気や色、合わせる服、出かける場所など、できるだけ詳細を伝えてみてください。メイクレッスンはメニューや場所、料金など、それぞれ異なるものですので、事前に内容やシステムをしっかり確認してくださいね。

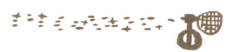

体験後はプロのメイクから得たテクニックやコツを真似して、毎日のお化粧に取り入れてみてください。最初はうまくできなくても仕方ありません！　私も最初から上手だったわけではありません。たくさん練習して学びました。私のおすすめは、ポイントメイクであれば、夜の洗顔前に新しいやり方や新しい化粧品を試してみること。家で鏡を見ながら練習をしてメイクオフして……と繰り返してから、外に出たほうが自信につながると思います。

私はヘア＆メーキャップアーティストなので、いろいろな方の顔にメイクをしますが、みなさんが極めるのはご自分の顔だけ。そう考えると、頑張って練習すればうまくなれる。そして何よりも美しくなり、楽しいこと、嬉しいことがたくさん待っている……そんな気がしてきませんか？

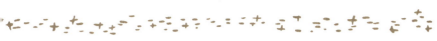

それから、メイクをしてもらった経験はあるけれど、やっぱり苦手という方は、もしかしたら、やりすぎて自分ではなくなったように感じたのかもしれません。担当したアーティストとのコミュニケーションがうまくいかず、自分の好きではないテイストになったり、自分らしからぬ濃さになってしまったり……。

メイクというと、なにかを塗って覆い隠すイメージがあるかもしれませんが、必要なのは「その人自身を引き立てるメイク」。お化粧で隠ぺいするのではなく、輪郭やパーツのフォルムを際立たせて、魅力的に見せるメイクです。覆うという感覚より、部分的に足し引きしたり、際立たせたりする意識を持つと、変わってくると思いますよ。

私らしいメイクメソッドを見つけるまで

私は現在、資生堂のトップヘア＆メーキャップアーティストの一人として活動しています。トップアーティストは8人（2015年11月現在）で、さらにシニアヘア＆メーキャップアーティスト、そのあとにヘア＆メーキャップアーティストと続き、総勢40人ほど在籍しています。

トップアーティストになるためには入社以来、技術・教育・クリエーションなど、さまざまな経験を積んでから、試験を受けて「資生堂ビューティーアカデミー制度（社内大学院）」に入ります。最高レベルの美容技術や知識の習得から、プレゼンテーション力、表現力に至るまで研鑽を積みます。そして、外部の審査員を含めた審査委員会によって、技術審査とプレゼンテーション・面接審査を経てアカデミー生になります。

さらにそのなかから、技術力・表現力・人間的な魅力に優れた数名が、トップヘア&メーキャップアーティストに選ばれます。

私はアカデミーに丸3年在籍しましたが、そこでは「ヘアメイクのなかでも、自分はなんのスペシャリストになるのか？」と特化する方向性を考えて、自己プロデュースする道を探ってきました。同じようなヘアメイクが何人もいても仕方ないわけですから、一番得意とし、掘り下げたいテーマを見つけ、通常業務をしながら学びます。

そこで、さきほどから何度か書いている、自分のなかにある「好き！」と感じるものの正体を見極める作業を、私もおこないました。私が好きで、得意としていることはなんだろう？　洋装も和装もカジュアルもエレガントも好きなものは多く、私らしいヘアメイクで表現できる世界はどんなもの？　それを一言で簡潔に伝える言葉はないか？　考え、悩み、自分自身を客観的に見つめました。

そこで出てきたのが「ドレスアップビューティー」という言葉です。これが私らしいヘアメイクのクリエーションを表すキーワードになりました。

私を表す「ドレスアップビューティー」とは

「ドレスアップビューティー」は、私のすべてを表す言葉です。私がクリエーションをおこなうとき、一番大切にしているフィロソフィー（理念や哲学）です。

ドレスアップと聞くと、豪華なパーティにドレスを着て出かけるフォーマルなヘアメイクを想像されるかもしれませんが、それだけではありません。お仕事に行くときも、女子会に行くときも、家から一歩出るためだけであっても、装う気持ちがあればすべてドレスアップビューティーになります。

それは「装うこと」が、相手への敬意の表現のひとつだから。目的に合わせて美しく装うことは、外見の美しさだけでなく、自分の生き方や心までも豊かにさせてくれるものです。おしゃれして出かけることは何よりも自分のため。周囲に素敵だねと言われると、ますます気持ちが上がりますよね。素敵なあなたに出会った相手も、場にふさわしいメイクのあなたを見て、嬉しい気持ちになるはず。

私の提案するドレスアップビューティーでは、日常のおしゃれ（リアルクローズ）から、特別な一着（フォーマル）、そして和装の3つのファッションの領域で、ひとりひとりの個性美を多面的な角度から引き出し、トータルで美しいヘア＆メーキャップを提案します。そして、次の3つのメソッドに、私らしいさじ加減を加えています。

- **質感を操る**
- **優美なフォルム**
- **360度フルアングルで美しい**

これが私流のドレスアップビューティーを完成させるのに重要なメソッドであり、あなたのメイクをワンランクアップさせる要素にもなります。

「質感」を操ることで、イメージを操る

キラキラと輝くアイカラーやマットな口紅など、化粧品にはさまざまな「質感」があります。また、ファンデーションも種類により、なめらかなツヤのあるタイプもあれば、カバー力のあるツヤの少ないタイプもあります。

これら化粧品の質感は流行によって大きく変化していきますが、メイクの質感の本質は普遍的なものです。そして私はメイクの質感は、物質に対する生命力そのものだと感じています。

たとえば、たっぷりと粉で覆われた球体は、触らなくてもやわらかさを感じます。しかし、同じ球体でもピカピカに磨かれていたら、冷たさや硬さを感じますよね？このように、質感とは見る人の心を左右するもので、ここで得た印象がイメージにつ

ながります。

私は研究チームを組んで、2000年から質感の研究をおこないました。質感とは何かを考えるために、それを表すワードを出し合ったり、アーティストや一般の方々にリサーチして実験を重ねたりと、2年をかけてメイクの質感の性質を9つに分類し、特長、イメージを抽出し、イメージマップを作り上げました（P59に掲載）。

これは9つのメイクの質感を「光る」「光らない」「軽い／透明」「重い／不透明」の4方向に2つの軸で、マップ上に表現したものです。とはいえ、質感はこの9種類しかないわけではなく、たとえば「シアーマット（透明感はあるがツヤはない）」のように、アイテムのタイプや重ねるものによって、仕上がりの質感はさまざまに広がっていきます。

どの質感を選ぶかによって、仕上がりはもちろんですが、選ぶアイテムも変わってきます。ツヤを抑えたアイテムを使うと落ち着いた、やわらかい印象に仕上げることができます。いっぽう、ツヤを出すとイキイキと若々しい印象になります。そこに輝きのあるアイテムをのせると、輝き方の方向性によっては上品にもなれば、ゴージャスにもなります。

もちろん、すべて同じ質感でそろえる必要はありません。ベースメイクの肌と目もと、頬、口もとで、それぞれ異なる質感を組み合わせることで、印象は無限大に広がります。たとえば、透明感のあるシアーマットな肌に、チラチラと輝く点在パールの目もと、なめらかなツヤのスタンダードのリップをのせると、軽やかですっきりとした印象に。また、ツヤのある肌に、目もとはなめらかな光沢感のパーリィな質感を足し、口もとはグロスで濡れたようなツヤを与えると、みずみずしくて躍動感のある印象に仕上がります。掛け合わせを楽しむことで、自在に印象をコントロールできるのです。

質感の研究のなかで、私は肌と目もと・口もとのポイントメイクの組み合わせによって、どのように印象が変わるのかを実験しました。質感バランスと印象の変化は、あくまで一例ではありますが、マットな肌の場合、次のようなバランスと印象が生まれます。

同調バランス

マットな肌に対し、肌・目もと・口もとを全て同じ質感に仕上げると、質感そのものの性質がより強調されます。また、質感の持つイメージの方向性がより強調されます。つまり、重厚感のあるマットな質感で肌・目もと・口もとをすべて仕上げると、優しさよりも落ち着いた印象が際立ってきます。

強い対比バランス

マットな肌に対し、強い輝きを持つメタリックな質感を持つアイテムで目もとと口もとを仕上げると、コントラストが強く、それぞれの質感の性質が主張されて強く際立ちます。マイナスイメージが広がり、強い質感の方向にイメージが強調されます。インパクトはありますが、ナチュラルメイクには不向きです。

◉ 弱い対比バランス

マットな肌に対し、弱い輝きを持つ点在パールの質感で目もとと口もとを仕上げると、全体的に調和を感じます。点在パールは肌になじみやすく、マットとは弱い対比バランスになるので、調和が取れてプラスのイメージが広がります。マップ上では対極の位置にあるため、イメージに広がりが出るからです。

色と質感は光と陰。色を使って印象を変えることはわかりやすいですが、質感を操作することは簡単ではありません。でも実はとても大切で、大人の魅力を左右するのは、色以上に質感。若々しく見えるのか、イキイキとして見えるのか、落ち着いて見えるのか……これらの印象は、色以上に質感がパワーを発揮します。質感を使いこなせるのがメイク上級者の技なのです。

質感イメージMAP

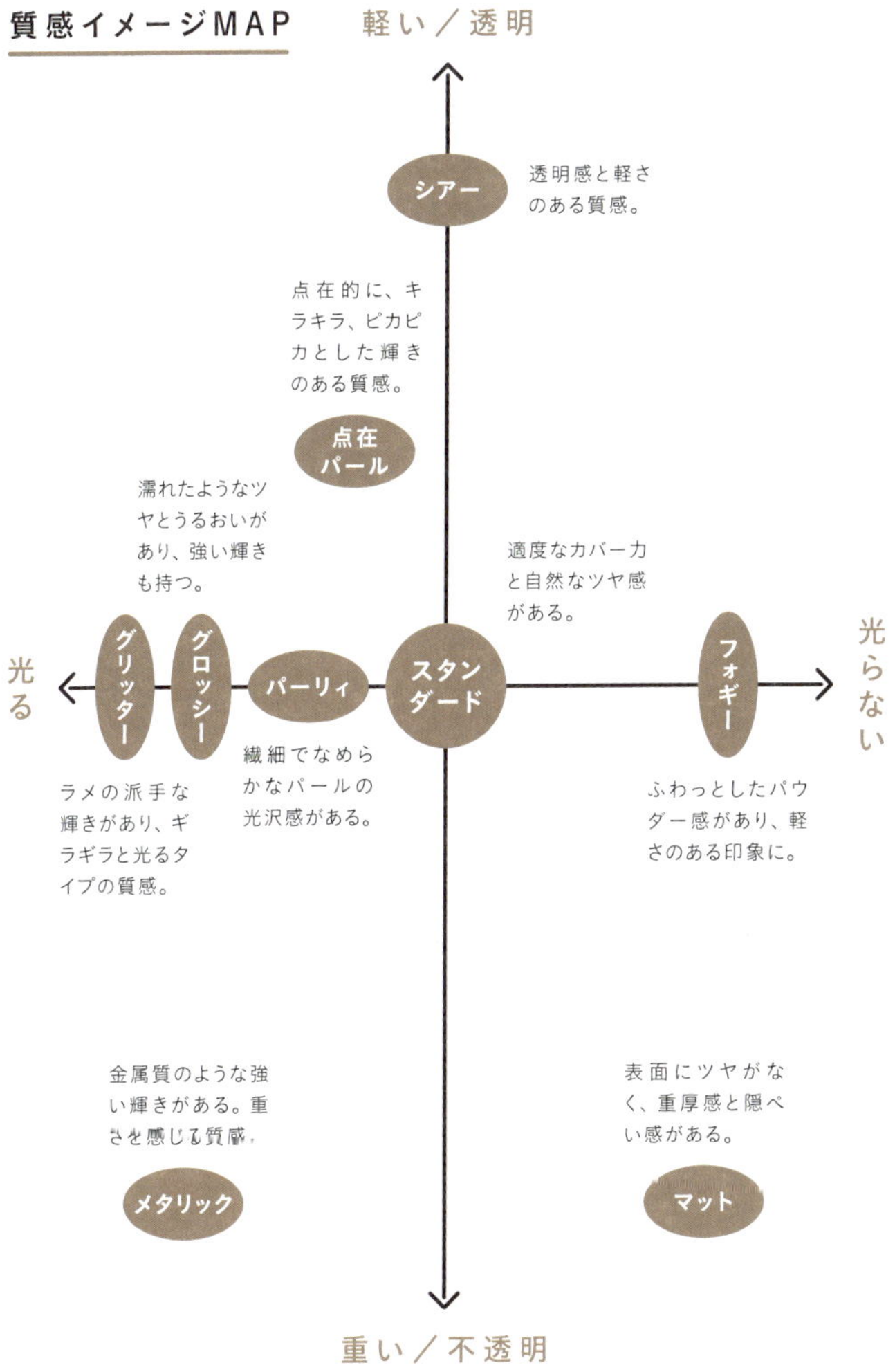
軽い／透明
シアー
透明感と軽さのある質感。
点在的に、キラキラ、ピカピカとした輝きのある質感。
点在パール
濡れたようなツヤとうるおいがあり、強い輝きも持つ。
適度なカバー力と自然なツヤ感がある。
光る
グリッター
グロッシー
パーリィ
スタンダード
フォギー
光らない
ラメの派手な輝きがあり、ギラギラと光るタイプの質感。
繊細でなめらかなパールの光沢感がある。
ふわっとしたパウダー感があり、軽さのある印象に。
金属質のような強い輝きがある。重さを感じる質感。
メタリック
表面にツヤがなく、重厚感と隠ぺい感がある。
マット
重い／不透明

360度フルアングルで美しいメイクを

私たちは大抵、ひとりで鏡に向かってメイクをします。そのとき、意識しているのは真正面の自分の顔。正面を向き、仕上がりを確認しながらメイクをしていきます。

でも実際、人と対面しているときは会話をしながら顔が動くので、真正面よりも横顔や斜め顔のほうがずっと多く見られているものです。私はこの「横顔」に特化したメーキャップ研究も手がけました。その際、インターネットを使った調査をしたところ、身近な人と接するときは正面顔を見ていることは多くても、たくさんの人が集まる公共の場では、斜め顔や横顔を見ていることがわかりました。つまり、見られている意識がない、油断しているときほど、斜めや横顔が多く見られているのです。また、30代後半から40代前半では、横顔は正面顔より3歳老けて見えることが、研究データからわかっています。

だからこそ、横顔を意識したメイクはどこから見ても美しいメイクといえます。メイクは奥行き感のバランスがとても重要です。奥行きのあるメイクに仕上げると立体感が出て、どこから見ても美しい横顔が完成します。それは「キレイめな大人顔」の印象を与えます。

眉尻は眉頭より下がっていませんか？　アイラインが短すぎたり長すぎたりしていませんか？　チークは奥行きまで意識してラウンド状に入れていますか？　リップは口角の端まできちんとついていますか？　など、細かいところに気をつけるだけで、人から見たときのあなたの斜め顔や横顔が変わってきます。また、アイブロウ、アイライン、アイカラー、リップライン、チークはポイントメイクの終わり方を意識して、肌に溶け込むようになじませることで、より自然な立体感が生まれます。

また、ヘアも同様です。ヘアアレンジをするとき、多くの方が合わせ鏡を使って横や斜めの様子を確認しますが、真後ろや斜め後ろからもぜひ確認してください。フルアングルで見たときのバランスを考え、あご先から後頭部までの奥行きを意識しましょう。そうすることで重心が取れ、シルエットの美しさが、より感じられるようになります。

このように360度どこから見ても美しいヘアとメイクを心がけることは、私流のドレスアップビューティのひとつです。左ページに掲載したのは和装のヘアアレンジ例ですが、ぐるりと一周したときに見る角度によって印象が異なるヘアデザインにしています。カールをつけた毛先を散らし、斜め上に向かって奥行き感のあるアレンジにしました。メイクも横顔、斜め顔を意識し、各パーツの描き終わりを肌に溶け込ませることで、ふんわりと優しい印象に仕上げています。

360度を意識したヘアメイク例

優美なフォルムを加えてエレガントに

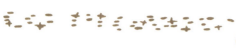

資生堂に入社する前、3年間ホテルオークラの与儀美容室に勤めていました。そこではセレブの方々が出席するパーティーや晩さん会が開催され、美しい和服は当然のこと、イブニングドレスを自然に着こなすような方々がお客様でした。
20代の前半で初めて「優美」を実感したのはこの時だったと思います。この言葉は私の心に深く刻み込まれ、私の大切にしている「優美なフォルム」へと結びついていきます。

それは、アール・ヌーヴォーの世界に代表されるような曲線のなかにある、豊かさや美しさのこと。やわらかい曲線のニュアンスを取り入れることで、ぐっとエレガントな雰囲気が生まれます。

もともと私はエッジの効いたデザインが好きですが、そこに優美なフォルムを加えることで、直線と曲線を対比させ、メリハリのあるヘアメイクに仕上がります。この感性は資生堂に入り、オートクチュールやプレタポルテなどたくさんのコレクションを担当して、より深まったと言えます。優美さというエッセンスは、私流ドレスアップビューティにおいて大切な3つめのポイントです。

メイクでは、目もとや口もとのフォルムに少しやわらかい曲線を入れ、ふわりと優しい顔立ちに仕上げます。エッジの効いたメイクのときでも、眉毛を鋭角にせずにやわらかいラインで描いて抜け感を出したり、丁寧にビューラーを使ってまつ毛の流れを美しく見せたりと、どこかに曲線を取り入れるだけで変わってきます。

ヘアスタイルでは、シルエット内に曲線の部分をもたせると、髪のうねりや流れの美しさが際立ちます。前髪をぴたっとなでつけず、少しほろりとこぼれたようなニュアンスを加えたり、すき間を空けたりするだけでも、顔のフォルムに優美さが加わります。

また、いずれも細部を見る視点と全体を見る視点とが必要です。細部にニュアンスをつけながらも、全体のバランスには常に気を配りましょう。直線と曲線のバランス、メリハリ、ヘアの重心バランスなどを見ながら、全体として流れるようなフォルムを作り上げていきます。

よく「メイクの引き算が難しい」「抜け感ってどうやって作ればいいの？」と質問されることがあります。それはメイクの中に少しホッとできるような隙やゆとりを生み出すことです。すべてを完璧に決めすぎず、ほんの少し余白を作ったり、力を抜いたりすることで、ほかの部分がぐっと引き立ってきます。やわらかさをあらわす曲線を加えることで、優しさやエレガントさも表現できます。ぜひヘアメイクのときは「今日はどこに優美さを入れようかな」と考えてみてください。

私はヘアメイクを考案するとき、左のようなデッサンをおこなって、デザインのポイントと全体のバランスを確認します。フリーハンドでもいいので、こうして絵にしてみるととてもわかりやすくなりますよ。最終的には、この紙の上にアイカラーやリップを塗って色づけし、全体の世界観とモデルをイメージしながら、さらにデザインとバランスを調整し、確認していきます（P74の写真参照）。

このデッサン画が、本書P132〜137に掲載されているグラビアのヘアメイクの元となっています。

メイクを考えるときの「引き出し」

新しいヘアメイクのクリエーションをおこなうときは、いつも頭の片隅でヒントを探しています。そうすると、あるときふっと「これだ！」というひらめきがあります。なにか具体的なものがあって、そこからヒントを得ることも多くあります。本や映画、演劇、美術、旅行、ＳＮＳからも新しい発見があります。

洋服を買いにいったお店やインテリアショップで素敵な小物や家具が目につき、最初はデザインの美しさに惹かれているのですが、よくよく見てみるとその形と質感（フォルムとテクスチャー）がツボなこともあります。それがインスピレーションになることも。

私はなにかしらの造形から、イメージが頭に入ってくることが多く、立体がとても好きなんです。シルエットの美しさが記憶に残ったり、ちょっとした装飾のラインに心惹かれたり……。形とバランスが浮かんでくると、具体的にデッサンを進めていきます。

また、ふと見た色合い、色のハーモニーが素敵で、書き留めたり、写真を撮ったりして残すこともあります。この色を使いたいと思ったら、その色を中心にパレットを見直して、配色を考えてみる。

それから言葉の場合もあります。あるキーワードが浮かんできてメモをしておいたものがヒントになって、クリエーションにつながっていきます。

古いものにはアイデアのヒントがたくさん隠れています！　昔の写真集、デザイン画集、ファッションや美容の本など、歴史ある書籍のなかから、ワクワクするものを探します。昔の映画もそのひとつです。

時代性があいまいなもの、抽象的なものの場合は、書籍や映像のなかに描かれた建物や場所を見ながら、その場に漂う空気感をイメージし、妄想します。こんな場所は、どんな空気やにおい、話し声が流れていて、そこにいる人はどんな雰囲気なんだろう？　どんな印象的な顔立ちで、どんな服を着ているのかしら？　そんなふうに想像して、ヘアメイクの妄想は深まります。

美容の仕事に限らず、自分自身と向き合いクリエーションし、何かを生み出すような仕事の場合、最後に外に向けて発信することになります。私はビューティーコンサルタントの講師や、資生堂のヘア＆メーキャップアーティストのスクール・SABFAの講師もしています。そこでは生徒たちに美容のノウハウを伝えたり、クリエーションのヒントを与えたりする機会も多くあります。

生徒たちの学びたいという想いと向かい合いながら授業を進めていくのには、たくさんのパワーが必要です。生徒たちとの作品づくりや撮影はとても楽しいことですが、その反面、人に技術やノウハウを惜しみなく教えることは、自分の持っているものを放出（アウトプット）することでもあります。

だからこそ、次なるパワーを自分自身にインプットすることは、とても大切です！忙しくて時間的にも精神的にもゆとりがないと「こんなに忙しいから休めない……」と思う気持ちが芽生えます。でも、アイデアを考える必要があるときほど、本当はリフレッシュしてインプットに充てる時間が必要だと思います。

友人と会ったり、好きな映画を観たり、カフェでぼんやりしたり、本を読んだり……。ぼんやりと時間を過ごしているようでも、頭の片隅では無意識のうちにアイデアのヒントを探しているものです。お休みして、心に栄養をたっぷりと与えたら、いつの間か大切なことがインプットされているはず。きっと、そのあとはもっと集中できるのでは？　みなさんもぜひ試してみてくださいね。

MAKE-UP

※①～㉛の商品はP188で紹介しています

化粧品

私が日ごろ使用しているアイテムの一部です。実際の撮影現場には、この何倍もの化粧品やアイテムを持ち込むこともあります。コットンを入れる箱や手鏡を素敵にすると、バックステージが華やぎます。女優さんやモデルさんの気分を上げる効果もあります。

デッサン

撮影に入る前に、頭のなかにあるヘアとメイクのイメージをスケッチに描き起こします。そのあとは、実際のメイクアイテムを使ってデッサンに色をのせ、見え方のバランスを調整します。こうすることイメージがより具体的になり、メイクのボリュームが客観的に見えてきます。

SKETCHES

※①〜⑩の商品はP188で紹介しています

メイク中は女優さんやモデルさんが心地よくいられるように気を配ります。よく「楽しそうにメイクされますね」と言っていただけるのが嬉しいです。

写真集

ファッションやメイクの写真集から、インスピレーションを得ることもあります。手前の2冊は『INOUI』で一緒に仕事をしたケヴィン・オークィンのもの。彼がメイク、私がヘアを担当した写真も載っています。

INSPIRATIONS

アクセサリー

アクセサリーからヘアメイクを考案することも多くあります。1950～60年代のアンティークのものが好きです。ピンクのワンピースは私がデザインした母の手製、その手前の白いネックレスは子どものころの友達からのプレゼントです。

ACCESSORIES

PART 2

ヘアメイクの仕事で前向きに変わる！

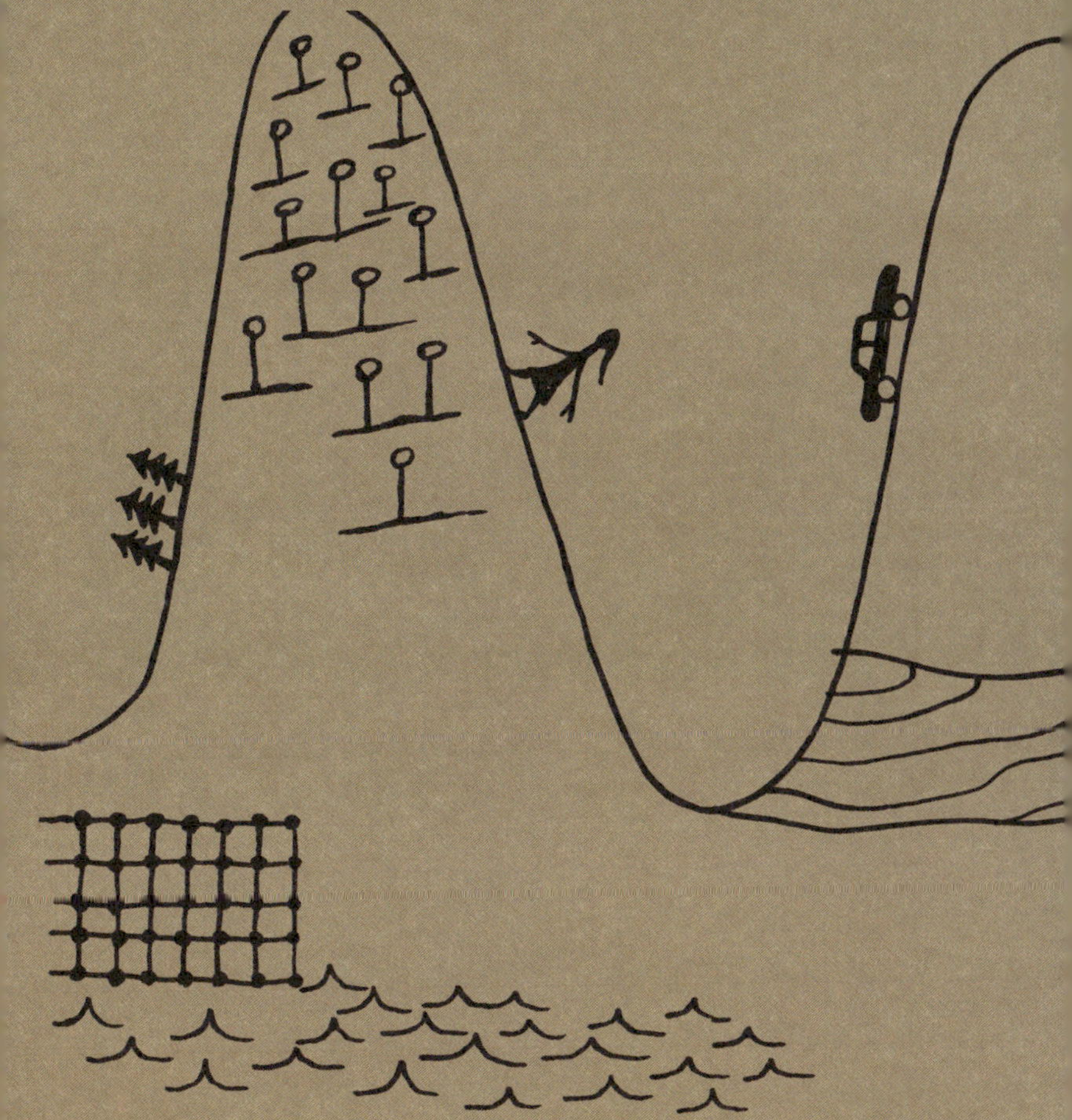

「ヘアメイク」との出会いで変わった私

私はある日、ほとんど偶然のようにして「ヘアメイク」という仕事に出会い、そこからチャレンジに満ちた人生が始まりました。美の仕事を通し、美しいものに触れ、腕を磨き、引っ込み思案な自分でも素敵であろうと努力することで、私自身も変化していったように思います。

この章では、私自身がこれまで美の仕事を通して体感した出来事と、それによってどう前向きに変わったかを、体験を交えながらお伝えします。

ファッション好きだった母の影響もあってか、子どものころからオシャレな仕事がしたいと思っていました。洋服も好きだし、メイクも好きだったので、高校生のころから「美容師になりたい」と考え始めました。仲のよい高校のクラスメイトに時々メイクをしてあげて、楽しいなとは思っていたのですが、当時まだ「ヘア&メーキャップアーティスト」という職業があることを、わかっていなかったのです。

高校を卒業後、美容専門学校を経て、当時カット&ブローで人気があった萩原宗美容室に入社しました。その先生はヴィダル・サスーンに師事し、日本で初めてハサミによるブラントカットを広めた方で、私は銀座店に配属になりました。

そんなホットなお店で斬新なカット方法を学んでいることが嬉しくて、銀座という土地柄もあり、時々髪を結いたいというお客様に「うちはカット&ブロー専門ですから、髪を結うならこの先にあるヘアサロンに行かれたほうがいいですよ」なんて紹介してしまったこともあります。まだ若くて生意気だったのです。そして、よくハサミを使ってカッコよく髪を切る自分の姿をイメージしたものです。先輩たちの素敵な姿と重ねながら、鏡に向かってカットするポーズを取り、シャドーカットをしていました。

そんなある日、美容室に置いてあった雑誌の表紙を飾っているモデルを見ながら、ふと「このモデルの髪やメイクって、誰がやっているんだろう?」と思ったのです。「こういう仕事をするのって、どんな人だろう?」と、初めて思いました。

そしてページの端を見たら「ヘアメイク」と書いてあった。モデルや女優のヘアやメイクを担当して、素敵な表紙作りに関わることができる「ヘアメイク」という仕事があることを初めて知ったのです。瞬間的に「これになりたい!」と思いました。

当時の私は美容師免許を取り、いくつもの社内試験を受け、ヘアスタイリストとしてのデビューが目前でした。とにかく「ヘアスタイリストとして独り立ちして、お客様のカットがしたい。お客様を一年は担当しよう。そうしないと技術も身につかない」と思いました。しかし、ヘアはやっても、メイクはまったく習っていませんでした。しかも、ヘアもカットのみで、髪を結ったり巻いたりはしていません。

課題は山積みです。それでも、すぐに辞めることはしませんでした。素晴らしいカット技術を持つ先輩方のいる美容室で働いているのですから、この技術の基本をきちんと習得してから出ていこうと思いました。ヘアメイクになるのに、カットの技術は役立ちますし、「石の上にも三年」という言葉もふと頭をよぎりました。カットを極めるには学ぶことがもっとあり、たくさんの経験も必要です。私の目標がヘアメイクに変わったので、習得するべき技術の内容も大きく方向転換していました。

その間に、じっくり計画を立てました。今のようにインターネットもない時代ですので、どうしたらヘアメイクになれるかを考え続けました。そして「どこに行けば、本格的で素晴らしいヘアメイクの技術が見られるか？」と思ったとき、私の答えは「ホテルの美容室」でした。ホテルには多くのお客様がいらっしゃるので数をこなせますし、最高級のホテルに行けば最高の技術者がいるに違いないと自分なりに考えたのです。

そしてヘアスタイリストとして約一年間美容室でお客様を担当し、丸三年でお店を辞め、私はホテルオークラの与儀美容室に入りました。その当時、お客様が重なるときは別としても、オークラの美容室では「一人の人が、シャンプーから仕上げまで全部を担当する」というシステムを取っていて、そのシステムにとくに魅力を感じたのです。

これ以降のお話も、この章で少しずつ書いていきますが、あの日「ヘアメイクって何？　これがやりたい！」と強く感じたときのことは、今でもよく覚えています。それまではぼんやりと「美容師っていいな」「素敵だな」とふわっと思っていた私が、生まれて初めて「これがやりたい！」と強く思った瞬間でした。

引っ込み思案でのんびりした性格の私が、目標が決まった途端にこんなに一直線に突き進むなんて！　多くの人が「若いうちは夢や目標を持つべき」と言いますが、そんなにすぐに見つかるものではありません。私自身がそうだったので、よくわかります。「好きなことを突き詰めたら美容師の道かな」くらいの気持ちで、のんびりと社会人としてのスタートを切った私が、美容の世界に入って、いろいろ学び、知ることで、掘り下げていくうちに意識が変わり、あの日「ヘアメイクになりたい」と思うことができたのです。

ですから、若いときは、無理に「夢を探さなきゃ」と焦らなくてもいいのではないでしょうか。とりあえず興味のあるところに飛び込むことで、学ぶことはたくさんありますし、そのなかで学び、変化し、成長するためのヒントがたくさん隠れていることもあると思います。

母が教えてくれた、キレイでいることの大切さ

私の仕事に大きな影響を与えてくれたのが、母の存在です。私がファッション好きなのは、昔からミシンで服を縫う母の姿があったから。独学で洋服作りを覚えた母は、私が子どものころから手製の洋服を着せてくれました。

とてもオシャレが好きで、和服も着こなし、毎日きっちりと髪を結っていた人でした。素敵な服を買うたびに母に見せて、一緒にファッションショーをしたものです。高い洋服を買って怒られたことはないのですが、値段はどうあれ似合っていないものを買ってくると叱られました。母の基準は「似合っているかどうか」で、似合わないと「あなたが着ると背中が突っ張って見えるから、もっと痩せたほうがいい」など、かなりハッキリと言われました。

一章でお伝えしましたが、私が思う「素敵なメイク」は、自分が好きなものを似合う

ものに引き寄せるメイクのこと。この「好きなものを似合わせるように工夫する」というスピリットは、母から受け継いだもののように思います。

母は血管腫という、小さな赤いあざが目の下にありました。若いときは小指で隠れるくらいの大きさだったそうです。当時、いくつもの病院に行ったものの、思うような治療がなかったあるとき、新聞で新しい放射線治療があると知り、大学病院に行きました。そこの女性のお医者様に「あなたの場合、瞳の近くにあるので、失明する可能性もある。気になるかもしれないけれど、あなたならオシャレなサングラスでもかけたほうが、ずっと素敵だと思うわ」と言われたそうです。

明るい性格だった母は、それを聞いて「確かにそうだな！」と思ったそうです。「気になるけれど、それを上手にカバーできるようなオシャレをしよう」って。それ以来、母はたくさんオシャレをするようになったと言います。

母はいつも鮮やかなオレンジ色のリップを塗って、口もとにポイントを置くメイクをすることで、上手にカバーしていました。私に「視線を口もとにもっていくのよ」と教えくれました。本心では気にしていたと思いますが、下町育ちの明るい母は、決してうつむかずに、いつも顔をキリッと上げて暮らしていました。

母は年月をかけ、自分自身で自分の個性を作り上げた……そんな気がします。そんな母を見ていたからこそ、私は「個性美」という言葉がとても好きです。全員同じでなくていい。自分らしさがあればいいのです。

また、引っ込み思案だった私と反対に社交的でハッキリとした性格だった母からは、大切なことをたくさん教わりました。

ヘアメイクの仕事をするようになってから、一番よく言われたのは「いつもキレイにしていなさい」ということです。忙しさにかまけて、キレイにする余裕がなくて適当な髪やメイク、服で出かけようとすると、いつも「あなたは美の仕事をしているんでしょう？　本当にそれでいいの？　そんな格好で人の前に立っても、まったく信憑性がないわよ。相手に『こんな素敵な人にヘアメイクしてほしい』って思ってもらえるように、キレイにしていなさい」と……厳しい言葉ですが、ごもっともですよね。

母は2014年に亡くなりましたが、母の入院中、時間の許す限り病院へ通っていました。仕事が忙しくても見舞いに行く日々で、気持ちの上でもボロボロで、ゆとりをなくしていた。そんなとき、母に「ちゃんとお化粧しなさい」と言われたのです。毎朝お化粧しているのに、と思いながら窓ガラスに映った自分を見たら、確かにお化粧はしているけれど手を抜いていて、心底疲れた顔をしていました。それどころではなかったんです。

母から、人に対しても、自分に対しても、大切な「心を込めること」「気持ちを入れること」を最後に教わった気がします。具合が悪くても「キレイにして仕事をしなさい」と言ってくれた母の言葉が、今でも忙しいときほど耳に響いてきます。

アーティストへの道のりで学んだこと

「ヘア&メーキャップアーティストになる」という目標を掲げた私は、ホテルオークラの与儀美容室に入りました。入ったときから「3年でセット&アップを身につけ、メイクを学び、さらに目標に近づける場所を探す」と決めていました。

でも本音では辞めたくないほど、美容室での日々は楽しかったです。セットスタイルやアップスタイルとメイクのほかに、ネイルとエステの技術も学び、外国のお客様にはカットを頼まれることもありました。イブニングドレスのヘアメイクを担当することも素晴らしい経験でした。エレガントで優美な世界に心惹かれたのはこのときからです。

毎日が刺激に満ちていて、同僚や先輩方との時間も楽しく、たくさんの技術も惜しみなく教えていただきました。

でも、自分の目指すメイクの腕前はまだ一人前とは呼べないような気がしていました。さらに、雑誌を見て憧れていたヘアメイクさんに熱い手紙を書いて、アシスタントにしてくださいと頼んだのですが、断られて落ち込んだことも……。

そんなある日、芸能関係の知人から「スタイリストさんが、資生堂ってこだわったCMを作ったり、パリコレのメイクを手掛けたりと、クリエイティブな仕事をしていると言っている」と話を聞きました。え、資生堂？　私は正直、意外でした。母が使っていたブランドだったので、年上女性のコスメだという先入観があったのです。

まず、資生堂のヘアメイクがどんな仕事をしているのか調べました。それから資生堂に電話をして「アーティストとして入りたい」と尋ねました……いま考えると、びっくりするくらい度胸がありましたね。

答えは「資生堂には資生堂学園（美容専門学校）があり、その卒業生以外は入社できません。でも、今度ヘアメイクのための新しい学校（ＳＡＢＦＡ）ができて、そこの卒業生であれば採用するかもしれない」というものでした。私は思いきってアルバイト生活に切り替え、技術試験と面接を受け、一期生として入学しました。

学校の名称はＳＡＢＦＡ（Shiseido Academy of Beauty & Fashion）といい、ヘアメイクの技術を学ぶだけでなく、ファッションの授業もありました。それまでヘアとメイク単体で見てきたものが、ファッションとの関連性を深く学ぶことにより、視野が広がったと思います。

東京コレクションのバックステージに参加することや、原宿コレクションをＳＡＢＦＡの担任の伊東先生と生徒で担当することもありました。美大の先生からデッサンや色彩造形を学んだり、文化服装学院の先生の講義を聞いたり、歌舞伎役者さんにいらしていただいて歌舞伎メイクを教わったりと、新しく学ぶことがとても多かった。今ではデジタルオペレーターによる講義もあるようです。また、学校内で作品を撮影する機会も多く、見せ方以上に「見られ方」を意識することを覚えたのもこのころです。

ＳＡＢＦＡに通っていた一年間は、与儀先生のご厚意で、土日はホテルの美容室に通っていました。平日は学校とアルバイトがあったので、一年間ほとんど休みはありませんでしたが、初めて経験することばかりで、何もかもが楽しかったです。一方で、宿題に追われることもたくさんありましたが……。学ぶことが多く、私はヘア＆メイクの基礎をＳＡＢＦＡで学びました。

ＳＡＢＦＡは、美容業界で同じ夢、同じ目的に向かう仲間たちとの出会いの場であり、とても刺激的で楽しい場所でした。縁あって、私は資生堂に入社しましたが、卒業した今でもＳＡＢＦＡの一期生は私の大切なクラスメイトです。

「会社員アーティスト」の毎日とは

ＳＡＢＦＡを出て資生堂に入社し、念願の「ヘアメイク」としての日々が始まりました。もっとも驚いたのは、私が入ったのは「資生堂という会社」だったことです。デスクがずらーっと並び、スーツや白衣を着た方々がたくさんいて……自分が今までいた世界とまったく違うことを、肌で実感しました。

最初はアシスタントからのスタートです。ＳＡＢＦＡから一緒に入社した同期は3人。初めて会社員になり、初めてのヘアメイクのアシスタントで、とても緊張していたことを覚えています。ひとつ上の先輩にメイク室の掃除のやり方、先輩のブラシの洗い方、メイクスポンジの切り方など細かく教えてもらいました。何を見ても、何を聞いても新鮮でした。今よりは時間にゆとりがあったので、よくヘアメイクの練習もしていました。

ヘアメイクのアシスタントでありながら、同時に会社員でもあるので、出席しないといけない会議もたくさんありました。もちろん今でもそうです。ここがフリーランスのヘアメイクとは違うところで、私たちはアーティスト活動と合わせ、普通の会社員生活もこなしていて、だからこそ得られたものも数多くあります。私が普段どんな生活をしているかをご紹介しますね。


私が所属しているのは、資生堂のなかの「ビューティクリエーション研究センター」という部署です。

私たち、アーティストが資生堂のなかで果たす役割は多岐に渡っています。アーティストというと黙々と作品に取り組んでいるイメージがあるかもしれませんが、会社員アーティストは多くの部門だけでなく、関連会社や他企業、異業種のさまざまな分野の方々と仕事をしています。

クリエーション……作品撮影、ステージ、コラボレーション企画など、さまざまなクリエーション活動があります。

発信・教育……宣伝、広報関係のヘアメイク、撮影、イベント、セミナー、ビューティーコンサルタント、美容師に対する教育など多岐に渡ります。

ブランド担当……商品開発担当者とともに、新製品の開発、使用方法、美容情報、新しいメーキャップやヘアスタイルの提案から、広告やＣＭのヘアメイクまでを一貫して担当します。

研究、ソフト開発……トレンド研究や美容のテクニックが与える心理的効果など、さまざまな美容の研究をおこない、美容情報の開発や商品化、特許の申請取得につながることもあります。特許から商品化につながることもあります。

コレクション……ニューヨーク、パリ、東京コレクションなどのグローバルな領域でショーのヘアメイクを担当します。

社外依頼業務……媒体関係、女優やタレントからの指名、他企業からの依頼によるヘアメイクや講師としての活動など、さまざまなオファーに対応します。

私たちは「会社員アーティスト」なのです！　そのため、初めて出会った仕事によってまったく違う顔をもっています。たとえば研究関係で出会った方々、撮影現場で出会った方々、講師としてTVやステージに出演したときに出会った方々、クリエーターとコラボした方々などではそれぞれが異なる印象を私たちに持っていて、それは「会社員アーティスト」ならではだと言えます。「なんでも屋さん」とも言えますが、それは長くこの仕事を続けるうえで、とても大切な強みでもあります。

いろいろなことを経験することは、自分の道を究めることとつながっている――そう思います。

心の失敗を、仕事の成長の糧にする！

私の仕事人生は、とてもスムーズで順調だった……とは言えず、かなりデコボコ道を歩いてきました。

元来おっとりとした性格ですが、若いころはそれなりに生意気で、とがっていたころがありました。そのせいで、とんでもない失敗を経験したことがあり、それは今でも忘れられずに自分への心の戒めになっています。

資生堂に入社して数年が経ち、慣れてきた20代後半のころ。日々、技術が身についてくるのを実感し、タイアップやパブリシティなどの撮影でファッション誌や人気の女性誌を担当しはじめ、楽しさと同時に少々生意気になっていました。

そんなある日、広報部からの仕事で「ファンデーションの特集記事があるから、ベースメイクの仕上がりとＨＯＷ ＴＯを解説する撮影に行ってきて」とマネージャーに言われました。それは自分にとってかなり「大人の雑誌」。「えーっ!!」と思い、瞬間的に行きたくないと感じてしまいました。

でもその「乗り気になれない」気持ちが、仕事に出てしまったのです。到着した撮影スペースは薄暗く、今であれば照明を入れてもらうお願いをするのに、頼めないままメイクをしたせいで、ファンデーションの色選定がおかしくなってしまいました。さらにホットカーラーで巻くことが主流だったので、とりあえず髪を巻いたら、巻きが強すぎて収まりがつかなくなって大混乱！

撮影する内容も多く、直す時間もなくなり、そのまま撮影していただいたのですが、自分でも記憶から抹消したいほど悲惨な出来映えで、真っ青になりました。その日から発売日までは「もうこの記憶はスルーして、なかったことに」と願いながら過ごしていましたが、発売日当日デスクの上にバーン!!　と置かれていました。雑誌を開くと、日本中の書店を回って買い占めたいと思うほど、ひどいヘアメイクでした。

後日、マネージャーから「この企画をお願いしたのは、あなたが頑張っていると思ったから。そして、今回うまくいったら、連載を持ってもらおうと思っていたの。でも、あなたの失敗のおかげで台なしです」と、ハッキリ言われました。そこから2〜3年、大きな仕事は入りませんでした。

今になればよくわかるのですが、その雑誌は素晴らしい発行部数があり、たくさんの方が見てくださる媒体。それなのに私は、勝手に媒体のイメージを自分で作り上げ、選べる立場ではないのに仕事を選び、気持ちが入らなかった。これは技術の失敗というより、心が招いた失敗だったと思います。やりたくない気持ちが前面に出て、仕事の技術にまで影響を与えたのです。失敗した原因は、すべて「自分の心」のなかにありました。

この経験がキャリア上で最悪の失敗なのですが、自分への戒めとして深く心に残っています。それ以来、私は依頼される仕事をイメージで決めつけることなく、大切に受けるようにしています。そして、それぞれの仕事の重みも楽しさもわかるようになりました。

生意気だったのは、若くて自信がないことの裏返し。今、思い出すと本当に恥ずかしいです。

深く反省したときは原因を突き詰め、自分の心にあるウィークポイントを見極め、ひと息いれてから、次のステップに進まなくてはいけません。それが、成長につながり、きっと明日の糧になるはずです。

口に出して宣言することが叶えてくれたもの

会社の仕組みや責任など世の中のことを知れば知るほど、そう簡単に「自分の夢や、やりたいこと」を口に出せなくなるものです。

けれども私は今、「自分の夢や、やりたいことを語る」ことの大切さを実感しています。いろいろな経験を積んだからこそ、実感して言えることです。初めて出版した書籍『着物へアメイクの発想』も、公に自分の希望を語ることで実現したことのひとつでした。

入社後、新しく学んだことがたくさんありました。和装の着付けもそのひとつ。着付けの講習会やセミナー、コンテストに出場して技術を研鑽します。先輩方や後輩にも、このフィールドを追求している方がたくさんいます。私も同様に着付けを学び、技術検定試験や講師などの資格をいただく一方で、学べば学ぶほど奥が深いことを痛感していました。

そして練習を重ねるごとに、好きだったはずの和装のことで迷走し始めたのです。自分が和装でどんなことを表現したいのか、それがどのように人に役立つのかと練習すればするほど迷い、わからなくなってきました。しまいには嫌いになりそうなくらいに……。好きだったはずの和装で、目指すべきゴールが見えなくて迷走してしまったのです。

そんなときに、京都でおこなわれている和装と洋装が融合するファッションイベント「ファッションカンタータ from KYOTO」を任せられるチャンスがきました。それまで東京コレクションのチーフをたくさんこなしてきましたが、久しぶりに着物のコレクションの仕事です。

ファッションデザイナーとの打ち合わせ感覚で、演出の中野裕之監督や京都の着物作家の方々と打ち合わせを進めました。一点一点の作品のコンセプトを伺って、ヘア

&メーキャップのデザインをしていく過程には、みなさんから感嘆の声をいただきました。

「これだ……！　私が得意なのはこれ！」。そのとき、そう感じました。着物も洋装のファッションと同じようにトータルで表現すること。着物を引き立て、人の魅力を引き出すトータルビューティーこそが、私の得意とすることだとハッと気づきました。そして、和装について迷走する気持ちがピタリと収まったのです。

その実感と経験が、私自身を突き動かしました。「和装モードをトータルビューティーで表現した、美しい書籍を出版したい！」と、口に出して言えるようになったのです。そこまで和装について掘り下げて考えたからこそ、気持ちに整理がついて、やりたいことを宣言できるようになってきたのです。

口にすることで、誰かが手を差し伸べてくれることもあります。今は自信がなくて「こんな大それたことを言ったら笑われそうだな」と思っていても、そのことについて掘り下げて考え続けてみてください。いつか「でも、どうしてもやりたい！」という気持ちが勝って、人に宣言できるようになるはず。ぜひ殻を脱いで、宣言によるパワーで夢への扉を開いてみましょう。

アーティストとしての礎を築いたターニングポイント

「ＩＮＯＵＩ」――それは類まれなもの。私にとって特別な存在感を放つ資生堂のメーキャップブランドです。ブランド担当に決まった瞬間、胸の高鳴りを抑え切れませんでした。

１９９５年から6年近く、ＩＮＯＵＩを担当しました。仕事は、いわば「感性の通訳」。私には資生堂の社員としての立場と、メーキャップアーティストとしての感性を使い分ける、大切な役割がありました。さらに、ときにはＮＹコレクションにアーティストとして参加し、情報発信の役割も担います。

プロジェクト的なチーム編成で、商品開発、使用法、美容法の構築、教育、マーケティング、宣伝撮影、広報ＰＲ撮影、ＮＹコレクション、すべてのことに関わります。

ドラマティックでエッジの効いたメイクをするケヴィン・オークウィンと、ミニマムな個性美を引き出すディック・ペイジ。

この二人のメーキャップアーティストと、ほぼ3年ずつ密に仕事をする機会を得ました。彼らの信頼を得て、二人の放つ両極の世界観を経験したことは、仕事人生のなかでもとくに大きなターニングポイントになりました。これは会社員アーティストだからこそ得られた、特別な機会でした。なお、ディック・ペイジは現在も、資生堂メーキャップのアーティスティック・ディレクターとして活躍しています。

ケヴィンはスーパーモデルブームと相まって、当時のモード界で非常にフューチャーされたメーキャップアーティストでした。彼のメイクはとにかく斬新でカッコよかった！　エッジが効いていてインパクトがあり、見ていてドキドキするようなものがたくさんありました。

初めてNYコレクションに入ったのも、ケヴィンがメーキャップを担当するメゾンでした。NYのブライアントパークにテントが張られ、当時とくに注目されていた、ダナ・キャランやカルヴァン・クラインなどのビックメゾンにも入ることができました。ドキドキしながらNYコレクションに一人で参加し。スーパーモデルブームを肌で体感しました。

ケヴィンは彼自身の存在が特別だったので、彼のチームにはとても個性的な人たちが集まっていました。アーティストの人数もかなり多く、人種も性別もさまざまです。バックステージの取材は自己PRの場ととらえて、積極的にインタビューを受けるようなアグレッシヴな人たちです。コレクションはショーだけでなく、バックステージもギラギラとしたエネルギーに満ちている空間でした。

笑い話のようですが英語もうまく話せないなか、真夜中のウォール街で迷子になったこともありましたが、何度も行くことで、人とのコニュニケーションも広がり、そして何よりも本当にタフになりました。自分の意思を明確に伝えなければ、何も始まらないことを体験しました。

私の宝物は雑誌「ＥＬＬＥ ＪＡＰＯＮ」で撮影した写真です。ケヴィンがメイクを担当し、私がヘアを担当した作品が、ケヴィンの２冊目の写真集に収められています。これは本当に宝物です。

この仕事を通し、説得力を持って、人になにかを伝えるということの大切さを学んだように思います。そして振り返ってみるとこの時期は最高のターニングポイントで、私のクリエーションも社会人としての力も大きく変化した時期でした。

研究で発見した、掘り下げる楽しさ

続けるうちに楽しくてハマってしまったのが、美容研究です。

私たちアーティストは、資生堂の美容理論や美容法にも深く関わっています。そのひとつに、美容研究があります。当時は、アーティスト数人でチームを作り、仮説を立て、調査して実証とディスカッションを繰り返し、最後に研究発表をおこなっていました。長い研究では2年以上かかる場合もありました。


私が初めてリーダーを務めたのは、メーキャップと質感の研究です。メーキャップは「色・形・質感」のバランスで表現します。これまで色や形は研究を通して、すでに掘り下げられていました。まだ手をつけていないのが「質感」でした。

質感はもっとも感覚的で、言語化するのも難しい対象です。どう考えても通常業務をこなしながら並行して質感研究をするのは大変なのですが、その質感研究を私が担当することになったのです。

今まで先輩が主導で研究プロジェクトに参加した経験はありましたが、自分がリーダーになるのは初めてでした。集まったメンバーは5人。全員がアーティストなので当然非常に個性も強く、なかなかまとまらない。私もバシッと言ってまとめるタイプではなかったので、話し合いをするのもひと苦労。誰もが忙しい業務との掛け持ちのため、モチベーションを維持するのも大変でした。

最初は「質感ってなんだろう？」という根本的なところから話し合いを始めました。非常に感覚的な「質感」をロジカルに説明できないといけないので、質感イメージマップ（P59参照）を作ることを決め、各自で質感を表す言葉を集めるところから始めました。集まったワードをもとに仮説を立て、テスト用の資料を作ります。肌だけ、目もとだけ、口もとだけの写真を何パターンも作り、数枚の写真を見比べて、どう感じるかを社内アーティストやお化粧が好きな一般の方50人にもリサーチします。対象が色であればもう少し意見もそろいやすいと思いますが、質感は違いがすぐにわからないことも多いもの。意見を聞きだす手法も大切なので、心理学のスペシャリストにも相談し、テストの方法も工夫しました。

2年がかりで調査と実証を繰り返し、社内報告をする必要のあるたびに苦労したものです。でもある日、ふと研究が楽しくなっていることに気づきました。ミーティングでメンバーをまとめたり、ファシリテーターとして対象者にインタビューをしたりすることに慣れたおかげでもありますが、チーム力とひとつの事柄を掘り下げる楽しみを覚えたのです。感覚的な「質感」が人に与えるインパクトの大きさを実感し、質感の美しさやそれを操る楽しさが増していきました。

この質感研究は最終的に「質感に基づく化粧方法及び質感イメージマップ」(特許第4849761号)として、特許を取ることができました。このあとにおこなった横顔の研究でも「化粧方法、化粧シミュレーション装置及びシミュレーションプログラム（化粧方法、横顔ファイナルゾーン）」（特許第5432532号）として、特許を取得しました。すべての美容研究が特許を取れるわけではないので、この成功はプロジェクトメンバーの大きなモチベーションの高揚につながり、質感や横顔の研究を通して得たメソッドは、私のヘアメイクの手法にも活かされています。

和装ヘアメイクとの不思議な縁

振り変えると、私の人生では要所で和装に縁がありました。母は着物が好きでしたので、小さいころから私も着物を着る機会がありました。ホテル時代もことあるごとに、すばらしい着物をお召しのお客様をたくさん見てきました。

また、新派を代表する女優でいらっしゃる水谷八重子先生との出会いもあります。偶然のタイミングで、ヘアメイクを担当させていただいて以来、お芝居を拝見する機会が増えました。新橋演舞場や三越劇場の楽屋にお伺いしては、本物志向の先生から、新派のお話や和に関するさまざまな事柄を教えていただいています。

そして、京都で毎年開催されているショー「ファッションカンタータ from

KYOTO」の存在があります。

ファッションカンタータは「日本の古き良き伝統の創生と、京都の和装・洋装の文化交流と融合を図ることを目的」として、1992年から京都で始まったファッションショーです。現代活躍する着物作家とデザイナーによる作品を着たモデルたちが、華やかにランウェイを歩きます。女優の杏さんがゲストモデルとして登場し、毎年話題になっているイベントです。

このショーのヘアメイクは、資生堂が担当しています。京都での仕事は、2009年に京都府が開催している「京都ラバーズコレクション」を担当したのが初めのきっかけです。素晴らしい着物に合わせて一点ずつヘアメイクデザインを考案し、実際のステージで実現しました。

お客様の評判がとてもよく、作家の先生方も大変喜んでくださり、そのことがきっかけで、カンタータを担当することになりました。初年度は和装のみだったのですが、

2年目からは和装も洋装も資生堂が担当することに。私はヘアメイクの総合監修をしながら、和装のヘアを考案しています。洋装のヘアメイクを担当しているのも、私と同じトップヘア&メーキャップアーティストです。

2015年現在で、カンタータを担当してもう6年になりますが、年を追うごとに担当してくださっている皆様と資生堂アーティストチームとの絆も深まり、感慨深いものになっています。そしてお客様やファッションカンタータ開催委員の方々からあたたかいお声をいただいて続いている、とても大切な仕事です。私の一冊目の書籍『着物へアメイクの発想』では、ゲストモデルの女優の杏さんが帯に素敵なメッセージを書いてくださいました。

カンタータは、私を和装へと再び誘い、大きく飛躍させてくれた仕事のひとつです。和装のヘアメイクとは、不思議な縁を感じています。

広告撮影から学んだ、内面の美しさ

私の大切な仕事のひとつに、女性誌や店頭のポスターなどで使われる宣伝広告の撮影があります。ブランドや使用する商品によって、お客様に届けたいメッセージや広告ビジュアルも大きく変わってきます。私は広告撮影を通して、女性の内面の美しさについて、たくさん考えさせられました。

女性の瞬間的な表情を美しく切り取る「ビューティショット」が、私は大好きです。無数の表情のなかにある、女優やモデルたちの個性が感じられる一瞬——そのオリジナルの美しさを、カメラマンがとらえて切り取ります。

私たちヘアメイクは、その一瞬のために腕をふるいます。美しく整えた肌に、その人の持つ目もとや口もとのフォルムが引き立つよう、繊細に仕上げていきます。眉は毛並みを活かしてふんわり優しく、目もとには淡いアイカラーをのせ、まつ毛はリアル感のある美しい仕上がりに。唇はふっくらとした輪郭で、ナチュラルに仕上げます。そして、女優やモデルの「心のスイッチ」が入るよう、あらゆる面でサポートします。

撮影は美しいライティングの中で、その人らしい表情を探って行く作業です。顔の角度を変えたり、かすかに微笑んでもらったり、テーマに合わせて雰囲気を変えてもらったり……さまざまな表情のなかで、彼女らしい個性を感じられる「表情美」を探り当てたとき、ハッとするほど美しい一枚が生まれます。

そこで選ばれる一枚に写し出された表情は、誰一人として同じものはありません。ただキレイな顔で写っているものでもありません。内側からにじみ出る、その人自身の生命力やエネルギー、品位などが伝わってくる一枚なのです。メイクは彼女たちの外見をより美しく補いますが、表面的な美だけが写真上に現れるわけではありません。外見の美しさに加え、内面のエネルギーが加わってこそ、人をハッとさせる個性的な「表情美」につながるのです。

こうして広告撮影での「ビューティショット」をたくさん経験するうちに、私は女性の美しさには充実した内面のエネルギーが重要だと、心から感じるようになりました。そのときから、私はずっと「心の豊かさ」について考えています。

絵画を観たり、映画を観たり、美しい景色のなかを歩いたり、好きな趣味に没頭したり、友達や家族と泣いたり笑ったり、好きな仕事をしたり……それぞれにとって充実した「時間」は形のないものです。誰がどんなものを吸収しているかは、外見からすぐにはわかりません。でも、その人がどれだけ日々さまざまなものを吸収し、心を開いて美しいものを享受しているかは、年齢を重ねるごとに個性として身についていきます。そして、その人自身の真の美しさとして、瞬間的な表情のなかににじみ出てくると思うのです。

「あの人って素敵ね」と強い印象を残す女性とは、内側の個性がにじみ出ている人なのではないでしょうか。私はそんな女性を目指したいと思っています。そのためにも、忙しいときほど多くのものを吸収し、それが私を形作る個性になっていつか現れればと願っています。

メイクはその個性を引き立てるもの。そして、悲しいときはパワーを回復させ、嬉しいときはさらにパワーアップさせるもの。お気に入りのメイクをしたら、自分が普段どんな「表情美」を持っているのか、ぜひ意識してみてください。

これからも夢のために変化し続ける

「CHANGE」という言葉はたくさんの意味を含んでいますが、私は変化の最大の価値は「成長」だととらえています。まだまだ美の仕事を通して、自分らしく歩みながら成長する機会を得たい！　そして今は、経験を積み重ねたからこそ、に叶えたい夢があります。

ひとつは、次世代テレビ放送のスーパーハイビジョン「8K」の化粧品研究です。はじめてハイビジョン映像に出会ったのは、入社して間もない1988年のこと。幕張メッセで開催されたイベントで、SONYさんと共同制作したハイビジョン映像を流し、先輩と一緒にモデルのメーキャップをライブで行いました。モニターにはモデルのうぶ毛まで鮮明に写し出され、私が動かす筆先からアイカラーのパールの粒子がまぶたに広がって行くのを見て、感動と緊張とで、手の震えが止まらなかったのを覚えています。その後、ハイビジョンの一般放送に向けて、２００６年にアナウンサーの方々のために「ハイビジョン対応のメイク方法」を制作しレクチャーする機会を得て、私はかつてその美しさに魅了されたことを思い出しました。

２０１５年からは、さらに一歩先へ進んだスーパーハイビジョン「８Ｋ」に関わるようになり、ＮＨＫエンタープライズへの全面協力して、８Ｋビューティを次世代のヘアメイクとして、プロジェクトメンバーを結成して制作しました。この映像は、デジタルサイネージジャパンで準グランプリを受賞したそうです。

こうして、ハイビジョンからスーパーハイビジョンまで関わり続けてきましたが、８Ｋは「未来のメイク」とも呼べるもので、とてもやりがいのある仕事です。今後機会があれば、次世代の化粧品をプロジェクトで研究したいと考えています。

また、日々の仕事を通して夢はふくらみます。ヘアアクセサリーのプロデュースもぜひやってみたいことのひとつです。これまでもヘッドドレスや髪飾りを作った経験はありますが、本格的にトライしたいと思っています。髪につけたときのサイズ感や長さ、反り具合を、ヘア&メーキャップアーティストならではの視点で調整し、実際に使いやすいものを職人さんと作ってみたいですね。ヘアデザイン先行で発想したヘアアクセサリーやかんざしを作るのも素敵だと思います。

あと、京都でおこなっているファッションカンターターを、いつか東京でもやってみたいですね。和装と洋装が奏でる美しい世界を、さらに多くの方々にも見ていただきたいと考えています。

そしていつか、写真展を開くのも長年の夢。今まで撮り続けた私のクリエイティブ作品がたくさんありますので、一度にお客様に見ていただく機会を作れたらと思っています。

これまで、さまざまな仕事を通して、引っ込み思案の私もずいぶんと変化してきましたが、これからも人との出会いを大切に、これらの新しい夢に向かって挑戦していきたいと思っています。

今でも「どうしよう！」と迷ったり悩んだりすることは多々ありますが、考え抜いたあとは必ず「大丈夫！　できる！」とポジティブなワードで締めくくるようにしています。そうすると自分に喝を入れられますし、可能性はずっと高くなるものです。やってみたい目標や夢がある人は、ぜひそれを言葉にしてみてください。それが夢を叶える近道です。私も言葉にしながら、成長のきっかけとなる変化を探して、私らしく進んでいきたいと思います。

幅広いテクニックで魅せる

CASUAL, ELEGANT, KIMONO...

KAMADA'S MAKE-UP STYLE

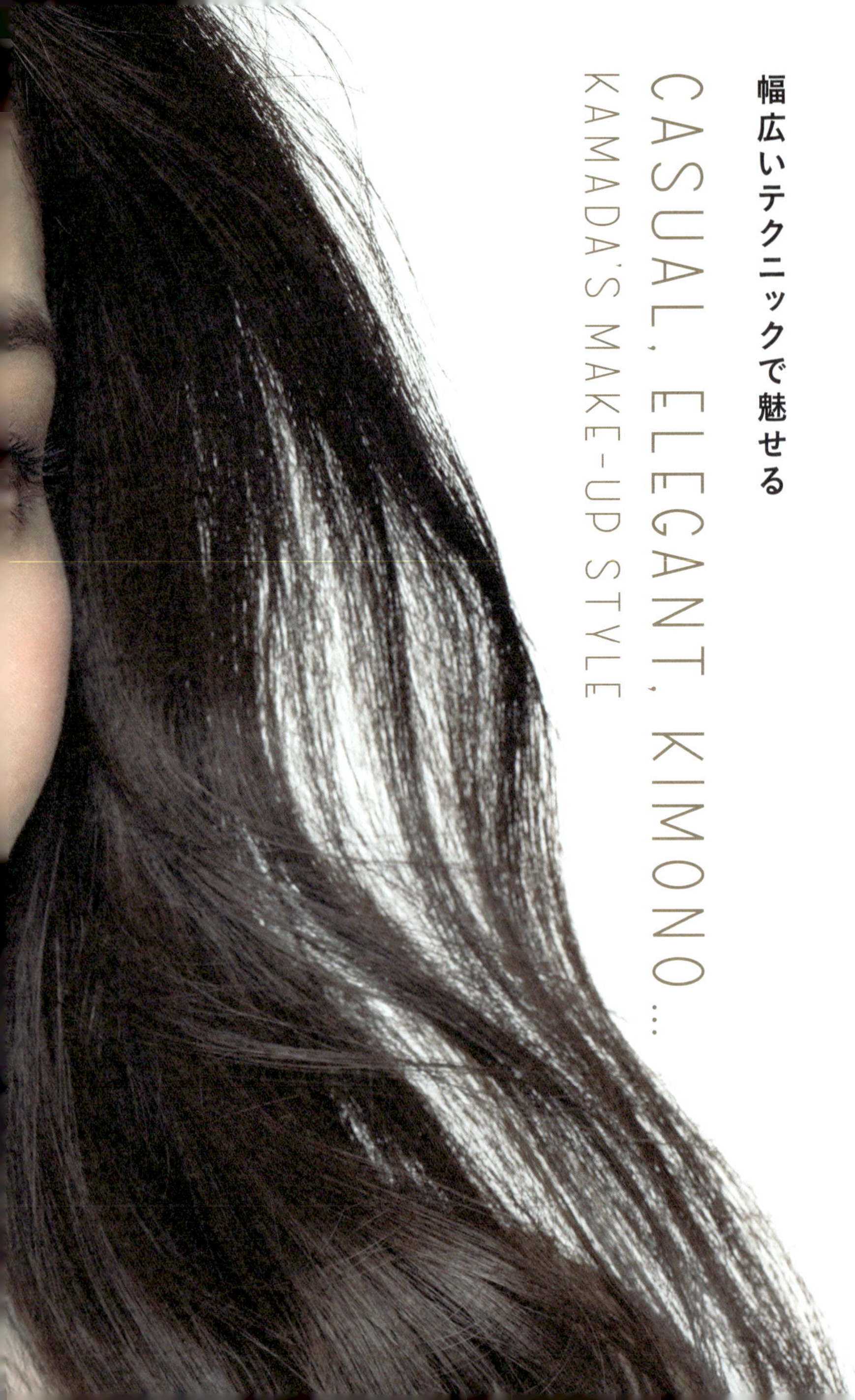

内側から輝きを放つフレッシュで優しい印象のナチュラルメイクです。目もとに置いたウォームベージュのアイカラーをグラデーションにして、自然に肌に溶け込ませます。まつ毛はマスカラで、目もとのフォルムを際立たせます。ピンクのチークとヌーディなリップで、肌の内側からにじみ出る血色のよさを演出しています。

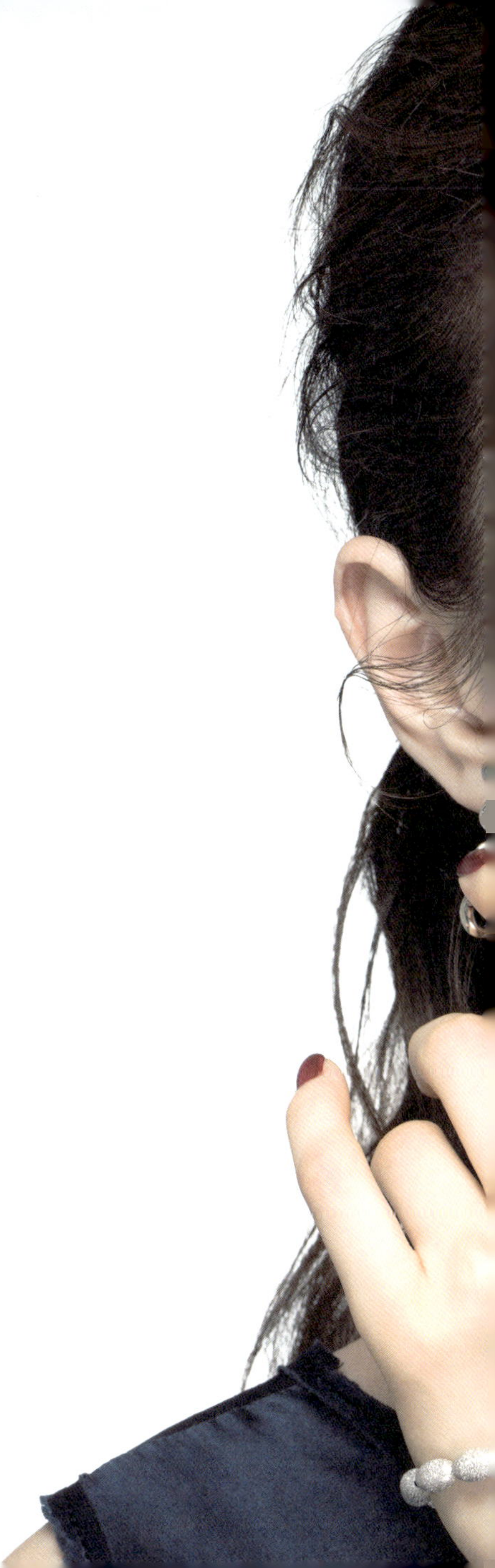

深みのあるボルドーのリップを主役にした、エレガントでエフォートレスなメイクです。目もとは淡いピンクのアイカラーとブラウンのアイラインでさりげなく。チークは肌なじみのよいコーラル系に。ボルドーのリップで唇のラインをはっきり描きます。ボルドーの唇と際立つ肌色が、ハッとする表情美を生み出します。

繊細な輝きを放つアイカラーが、儚げな印象を演出します。アイラインはペンシルで引かず、ダークブラウンのアイカラーを目のキワに入れてぼかし、優しい目もとに仕上げます。唇は輪郭をはっきり取らず、ヌーディなオレンジ系リップでふわりとした印象に。頬はフェイスカラーを加え、透明感を出しました。

ストレートな太眉に、着物の柄と同色の赤いリップで印象的に仕上げたメイクです。目もとは色みを抑え、繊細なパール感のあるアイカラーでヌーディに。まつ毛はマスカラをしっかりとつけ、長さを出します。チークはツヤの出るもので、フレッシュに。唇はグロスリップをたっぷり重ねました。

PART 3

鎌田流メイクメソッドで美しく変わる！

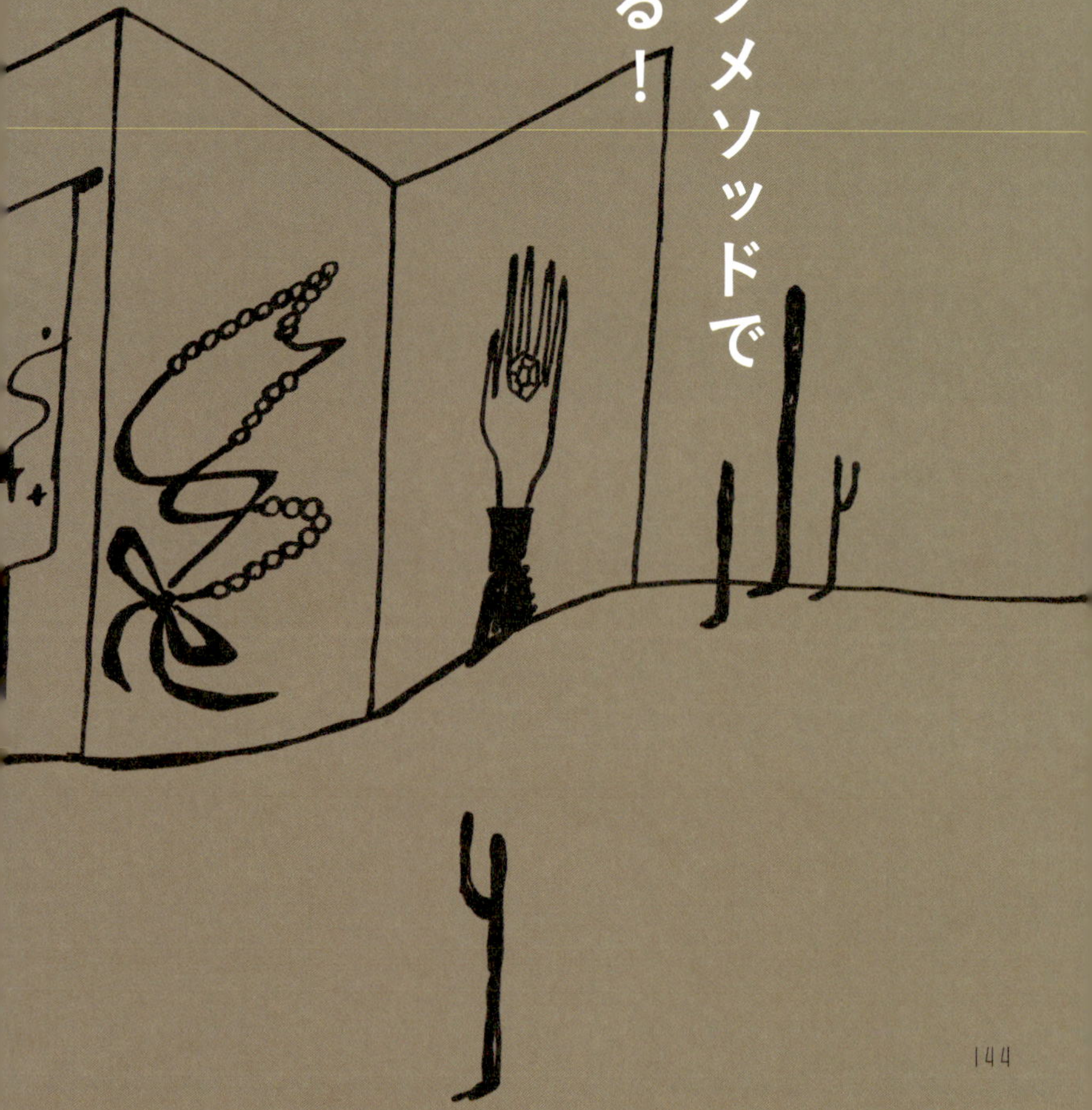

少しテクニックを加えれば、ぐっと美しく

どんなに毎日メイクをしていても、悩みは尽きないものです。「工夫しているつもりなのに、思うようなメイクに仕上がらない」「華やかなメイクがしたかったのに、いつも同じになってしまう」「年齢を重ねたら、どんなメイクをすればいいのかわからなくなってきた」など、それぞれ悩みを抱えていらっしゃいます。

悩んだときは、プロが持つノウハウやテクニックを取り入れたほうが、ぐんとメイクは上達します！　私たちは日々、見え方・見せ方の研究をしながら、たくさんの人の顔にメイクをしています。顔の形、パーツの大きさ、パーツの配置バランス、肌の質感、年齢、ＴＰＯ……さまざまな個性や状況ごとに、美しく仕上げるためのコツがあるのです。

ここからは、私がこれまで培ったノウハウやテクニックを、お悩みごとにお答えしましょう。多くの方が悩みを抱えて相談にいらっしゃいますので、代表的な質問を取り上げてみました。ベースメイクの作り方、パーティメイクのコツ、年齢によるメイクの変化など、テクニック的なアドバイスも多くお答えしました。

もちろん、メイクには練習が必要です。最初はうまくいかなくても、何度も試しているうちにコツがつかめてくると思います。ぜひ諦めずにトライして、メイクで人生を素敵に変えてくださいね！

お悩み①

ベースメイクが上手にできません！

ベースの肌作りは、メイクの際にとても重要です。私たちはアイカラーやリップ以上に時間をかけて、ベースメイクをおこなうこともあります。それはベースメイクの質感によって、メイクの印象ががらりと変わってしまうからです。

まず、美しいベースを作るには乾燥は大敵です。化粧水と乳液だけでは肌乾燥を感じる場合は、化粧水をたっぷりと数回つけて浸透させたり、美容液を加えたり、最後にコクのあるクリームを重ねたりします。スチーマーを使って水分を補給することもあります。とくに目のまわりや口もとは乾燥しやすいため、水分と油分のバランスのよい、ハリのある美しい肌に整えましょう。また乾燥してツヤが失われやすいのは頬骨のあたりなので、しっかりとケアをしてください。

そしてファンデーション選びはとても大切です。ご自分がどんなタイプのファンデーションを使っているか、把握しましょう。ツヤの出るタイプか、マットなタイプか、輝きのあるタイプかなど、ファンデーションの特徴を知りましょう。それを把握しておかないと、たとえば透明感のあるリキッドを塗った上に、マットに仕上がるパウダリーをのせて透明感が台なし……なんてことになりかねません。特徴を知ることが、美しい仕上がりの近道になります。

どんな肌に仕上げたいかを考えましょう。透明感のある肌か、しっとりカバーした肌か、ツヤのある肌かなど、仕上がりをイメージしましょう。ツヤがあることでイキイキとした躍動感の感じられる肌になり、一方、ツヤがないと落ち着いた優しい印象のある肌になります。しかし、ツヤが出すぎたり、キラキラしすぎたり、ツヤを抑えすぎてマットにしすぎると、それぞれの特徴がより特化して、現実的なメイクからはかけ離れてしまいます。

化粧品の進化とともに、ファンデーションのタイプもリキッド、パウダリー、クリーム、エマルジョン、ムースなど、種類は多岐に渡ります。自分にピッタリなものを選ぶためにも、ファンデーションはぜひ肌にのせ、試してから購入したいものです。下地との兼ね合いもあるので、下地もあわせて選ぶとよいでしょう。

ここからは、ファンデーションについてのよくあるお悩みを2つ、ご紹介しましょう。

Q. リキッドの上には、なにを重ねればいい？

保湿成分とカバー力を兼ね備えたリキッドでベースメイクを仕上げると、つるんとした質感の美しい肌に仕上がります。気になる箇所だけコンシーラーを重ねて、シンプルなツヤ肌に仕上げましょう。

ツヤのあるタイプを使うと、部位によってはテカリに見えるのが気になる場合があります。そのときは崩れやすいTゾーンなどに、透明感のあるルースパウダーかパウダリーをのせます。ツヤ肌のベースメイクを仕上げたあとに、ツヤのあるタイプのチークを重ねると、もっとイキイキとした印象に仕上がります。
なお、ベースメイクの組み合わせは、リキッドファンデーションを例に取ると次の4種類がありますので、覚えておきましょう。

【ベースメイク4種類】
◎リキッドのみで仕上げる場合
◎リキッド＋ルースパウダーで仕上げる場合
◎リキッド＋パウダリーで仕上げる場合
◎パウダリーのみで仕上げる場合

Q. カバーしすぎて、ベースメイクが厚ぼったくなるのを避けるには？

厚化粧に見えるという人の注意ポイントは、「ファンデーションの塗り分け」ができていないことにあります。

ファンデーションを顔全体にまんべんなく均一に塗っていませんか？　左のイラストのように3段階に分けて塗っていきましょう。「しっかりカバーゾーン」から塗り、次に「適度にカバーゾーン」までファンデーションを広げ、最後に「なじませゾーン」に伸ばします。グラデーションになるように塗ることで、崩れやすい目もとやテカりやすいTゾーンは適度にカバーしつつ、輪郭にいくにつれて自然となじむので立体感も出て、小顔効果もあります。

また、コンシーラーのつけすぎにも注意です。広範囲のシミなどをカバーするために厚塗りしてしまう場合は、リキッドとパウダリーの重ねづけをして気になるところをカバーしたほうが、自然に見えます。化粧品の進化により、パウダリーでも薄づきなものやツヤの出るものもあるので、重ねづけ用には軽めのものを選びましょう。コンシーラーがどうしても苦手な方は、このように2種類のファンデーションを使用してみてください。

ファンデーションの濃淡ゾーン分け

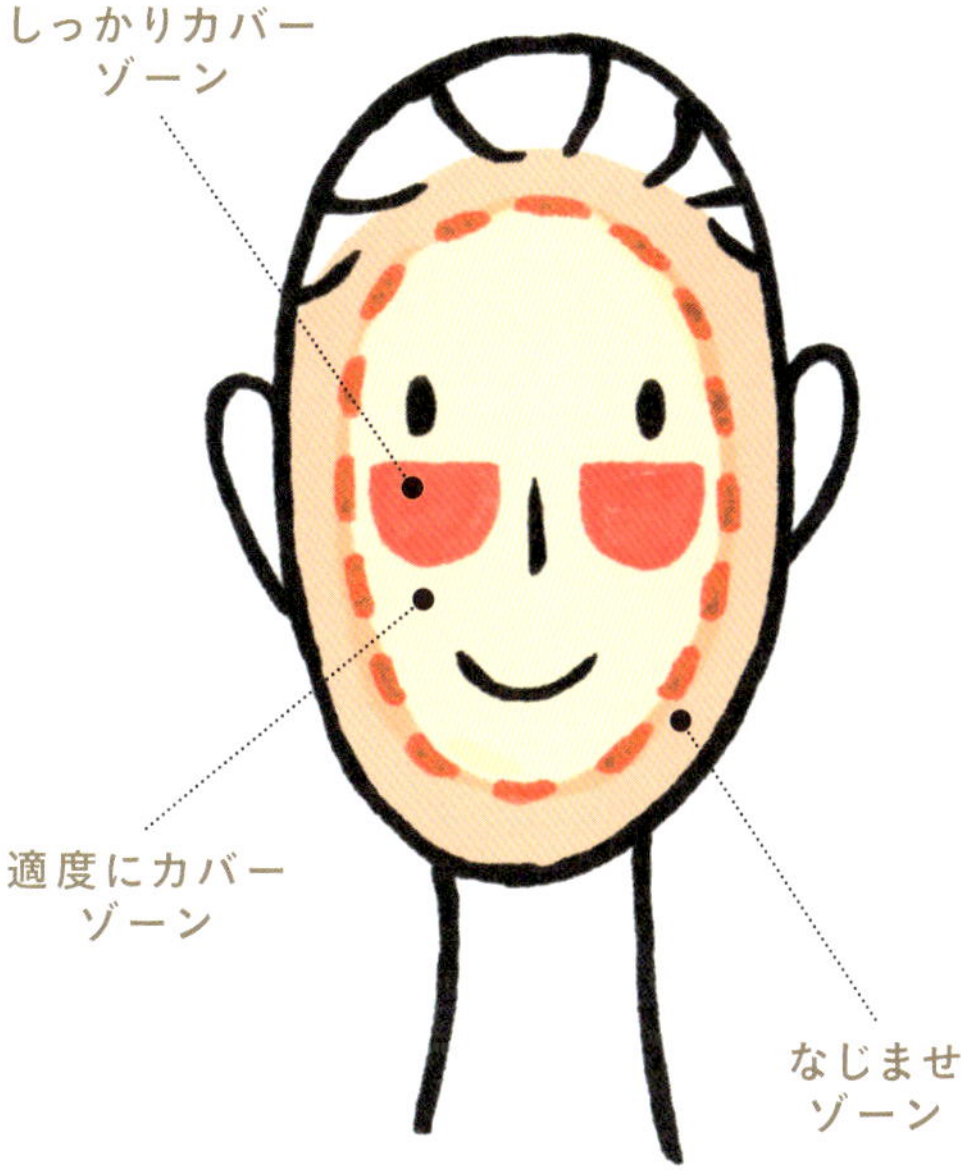

目の下の「しっかりカバーゾーン」がもっとも濃く、輪郭に近い「なじませゾーン」は薄くなじませる程度に。

お悩み②

気を抜いているときの写真にガッカリ……

決め顔で撮影した写真はよくても、ふとしたときに撮られた写真はなぜか「いつもの私の顔じゃない！」と思うことってありますよね。

その理由の多くは「横顔」にあります。実は、見られている意識がないときほど、正面よりも横顔や斜め顔のほうが人に見られているものなのです。これは「顔のアングルについて」のインターネット調査による結果からわかったことです。

動いているときに多くの人が、真正面よりも横顔や斜め顔を相手に見せています。真正面に座っていても、まっすぐに相手をじっと見つめる時間より、話したり食べたりすると顔は動いて、斜めや横顔を向けているものです。気を抜いているときに撮られた写真が変に感じるのは、奥行きを意識したメイクをしていないせいかもしれません。

人は自分の横顔に対して、あまり気を配らずに生活しています。メイクをするとき、正面や斜めを意識することはあっても横の奥行きまで意識している人は少ないものです。私は「質感」同様、横顔についても研究をおこないました。

横顔を意識することの難しさは、正面顔のときに輪郭として見えていたフェイスラインが、横顔では正面になることです。つまり、正面のときのフェイスラインに近い目もとや口もとなどのパーツの終わりが、横顔になるともっとも広く見えてしまうのです。

研究の際に、アーティストの経験則と審美眼によるさまざまなテストをおこない、美しい横顔を演出する「奥行きバランス」を発見しました。下のイラストをご覧ください。色のついた部分を私は「ファイナルゾーン」と呼んでいます。

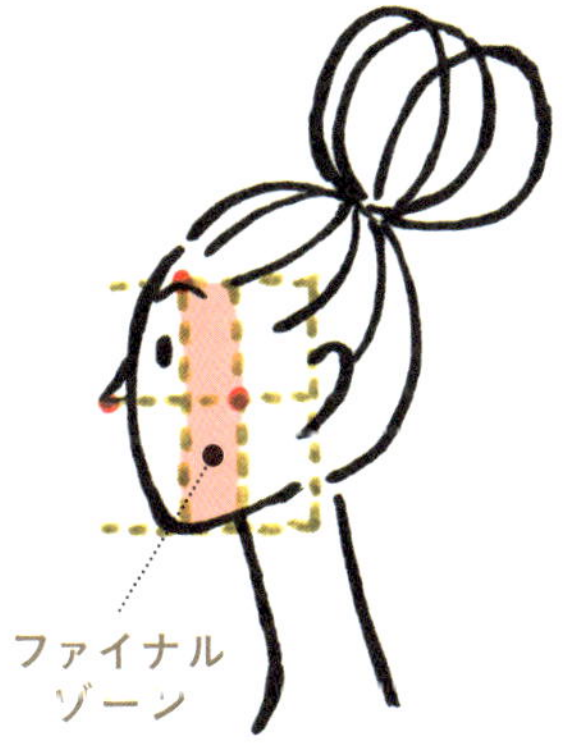

ファイナルゾーンにかかる眉尻や目尻、口角などを意識すると、横顔の印象はかなり変わってきます。

ファイナルゾーンを意識したメイクは、「ポイントメイクの終わり方」と「立体・奥行き演出」の2つに気を配ることが大切になります。ファイナルゾーンにかかる各パーツの描き終わりを意識し、ハイライトとシェードカラーで立体感・奥行きを与えることで、横顔のフォルムラインを際立たせることができます。

眉尻は眉頭の位置より下げず、描き終わりは肌に溶け込むようになじませて、立体感と広がりを感じさせましょう。目もとはアイカラーで立体感を出し、目尻側のアイラインは目頭より下げず、描き終わりは肌に溶け込ませます。チークは自然な上昇線を描きながら骨格を際立たせ、グラデーションで肌になじませて奥行きと立体感をプラス。唇は口角まできちんと色を足し、すっきりと引き締まった口角を作ります。

顔の高い部分にはハイライトを入れて立体感を出し、フェイスラインにはシェードカラーを足して陰影を与えることで、さらに奥行きを出すことができます。

常に正面顔と横顔を鏡で確認しながら、合わせ鏡を使って顔を正面から斜め、横に振り、ファイナルゾーンの仕上がりを確認してみてください。今までより、いつものワンショットが、ぐっと美しく見えるはずですよ。

お悩み③

年齢とともに似合うメイクは変わる？

数年前に気に入っていたアイカラーを久しぶりにつけてみたら、なんだか昔よりも似合わない……。そんな経験はありませんか？　もちろんメイクのトレンドによる違和感の可能性もありますが、もしかしたらそのメイク用品の質感が、今の年齢には合わなくなっているのかもしれません。

私は質感の研究をするなかで、マチュア世代（中高年）の方々に映える質感も探ってきました。加齢現象によって、肌色のくすみやシワ、たるみ、くぼみなどの変化が、どうしても出てきます。そこで選ぶ質感によっては、それらをかえって目立たせてしまうことがあるのです。

【マチュア世代の方に似合う質感】

※P59の質感イメージMAPをもとにお読みください

●肌

スタンダードな質感のファンデーションがよく合います。適度なカバー力と自然なツヤのあるものを選びましょう。また、マットやシアーもおすすめです。パーリィのようなキラキラと光る質感のファンデーションやパウダーは、シワを目立たせてしまうので使い方には注意しましょう。

なお、ベースメイクは、事前に丁寧にスキンケアをして、肌のコンディションをよく整えてからおこなうことが大切です。

●目もと

スタンダードとマットの質感を持つアイカラーがよく似合います。シアーやパーリィな目もとも、極端でなければOKです。

グリッターは凹凸を強調する性質があるので、目のくぼみやシワを目立たせてしまいます。また、点在パールやメタリックなど輝きの強いタイプは、目もとのシワをさらに目立たせてしまうので、使用する際は注意が必要です。

口もと

スタンダードとマットとシアーの質感を持つリップがおすすめです。また、繊細な輝きを持つタイプであれば、パーリィも合います。

避けたいのは、メタリックやグリッターのようなツヤとパール感の強い質感。唇の縦ジワを目立たせてしまいます。それからグロッシーのようにうるおいとツヤのあるタイプは、唇のにじみが目立つ場合があるので、リップライナーを併用するとよいでしょう。

時間が経つにつれて乾燥が進みます。乾きやすい頬や目もと、口もとはしっかり保湿をしてからメイクをすることを心がけましょう。

なお、マチュア世代になるほど、ヘアもメイクも丁寧に仕上げましょう。若ければストレートヘアにすっぴん風メイクでも、全体にハリがあるのでこなすことができますが、年齢を重ねると疲れた様子や寂しい雰囲気にもつながります。ある程度、きちんと感のあるヘアメイクを心がけたほうがおすすめです。

お悩み④

パーティメイクのコツを教えて！

華やかなパーティに呼ばれたとき、普段のメイクと何を変えたらいいのかわからない……と相談される機会があります。ここでは、パーティメイクの特長を、屋外でのパーティ（昼）と屋内でのパーティの２パターンに分けて解説しましょう。なお、屋外・屋内いずれの場合も、メイクはドレスとのバランスが大切になります。華やかな装いに負けないように、明るく上品に仕上げましょう。

●屋外でのパーティ（昼）

明るい自然光が差し込む屋外でのパーティで注意するポイントは、ベースメイクの下地にＳＰＦ値やＰＡ値が高いものを選んで紫外線対策をすること。汗をかいて崩れやすいので、ファンデーションは薄く仕上げましょう。

ポイントメイクは、ドレスと反対色を選ぶと顔が引き立ちます。たとえばコーラルピンクのドレスの場合は、淡いブルーやグレーを目もとに入れたり、青みがかったピンクのリップを使ったりすると、顔写りがぐっとよくなります。

また、肌のくすみが気になるときは、口もとにポイントを持ってきましょう。ローズ系やレッド系の冴えた色のリップをのせると、顔色が華やかになります。

屋内でのパーティ

メイクはドレスとのバランス以外に、会場の照明に合わせることがポイントです。蛍光灯など、青みの強い照明の場合、顔色が悪く見えやすいものです。赤やピンク、オレンジなど、暖色系の色を選んで取り入れましょう。チークも赤みを加え、立体感のある仕上がりを心がけてください。

黄みの強い照明の場合は、チークの赤みが強いと沈むことがあるので、ソフトな色合いにぼかしましょう。眉やアイライン、唇の輪郭はしっかりと描き、メリハリのあるメイクにすると美しく映えます。

また、屋内では顔の中心部分の肌はやや明るめにし、フェイスパウダーを使って丁寧に抑えて、上質な肌に仕上げましょう。繊細なパール感のあるフェイスカラーを頬の高いところやデコルテに使うと、照明に映えてさらに顔が引き立ちます。

なお、パーティのときはメイク以外にも、こだわりたいポイントがたくさんあります！　胸もとや背中、肩など、首まわりを大きく開けたデザインで、全体的にボリュームのあるコスチュームの場合は、ロングヘアの方はまとめ髪が合います。襟足や背中がすっきりと見えて、洗練された印象に仕上がります。髪を下ろす場合は、ゆるやかな巻き髪が華やかさを演出します。

ショートヘアの方は、昼のパーティでは耳をすっきりと出したり、前髪に動きをつけて額を部分的に出したりすると、顔が明るく見えます。夜のパーティでは、サイドにややボリュームを出すと、品よくエレガントな印象になります。

また、香水にも気を遣いたいところ。昼のパーティでは、シトラス系やグリーン系、シングルフローラル系のさわやかで優しさのある香りがぴったりです。屋外や日差しが降り注ぐ会場では、香りを素肌につけず、コスチュームに隠れる部位につけるとよいでしょう。

夜のパーティではTPOに合わせつつ、シプレー系やオリエンタル系など、個性的で大人っぽい香りも合います。香りを強めに出したいときは香水やパフューム、気軽に使いたい場合はオー・ド・トワレを選びましょう。

ネイルも素敵に装いたいですね！　エレガントさが大切な正礼装や準礼装の場では、ペールやライト、モデレートトーンのベージュやピンクなど、肌なじみのよい色を選んでください。略礼装ではコスチュームやアクセサリーを引き立てる色を選んだり、アクセサリーと合わせたモチーフをあしらったりと、遊び心を楽しみましょう。

お悩み⑤

着物のメイクは、洋服のときと同じ？

和装のメイクとなると、洋服とは違い、どんなメイクが合うのか迷ってしまう方が、多くいらっしゃいます。着物には洋服とは違う特長があり、それを知るとメイクの選び方や楽しみ方が広がります。

着物は普通の洋服と異なり、襟もとから足首まで全身がブルーやピンクなど同じ色の布で体を覆うため、ロングドレスと同じくらいの色のインパクトがあります。ときには大胆な柄行きがあしらわれている場合もあります。

そのため、あまりにもナチュラルメイクだと、着物に負けて、全体がぼんやりとした印象になってしまいます。ナチュラルで自然に仕上げたつもりが、着物を着てみると「なにもメイクをしていない人」に見えてしまう場合もあります。着物の特長と世界観を理解して、コーディネートしましょう。

メイクは、着物の格や素材から「フォーマル」か「カジュアル」か、柄行きか「古典柄」か「モダン柄」かで、大きく方向性が決まります。古典柄は花鳥風月や日本の四季を表すものや、うちでの小槌のような宝物を描いたもの。モダン柄は幾何学的でグラフィカルな要素やデザイン性の高いものを指します。P138〜141でモデルが着ている紫の着物は古典柄、P142〜143で着ている小紋はモダン柄に相当します。

そのうえで、次のポイントを押さえましょう。

【和装メイク全体のポイント】

◎ メリハリのあるメイクで目もと、口もとのフォルムを際立たせ、着物の存在感に負けない仕上がりに。

◎ 着物や帯の色と同じ色調をポイントメイクに選ぶことで、統一感が出ます。

◎ 首もとまで生地がくるので、化粧下地は首もとまで軽く伸ばすこと。肌全体が美しく際立ちます。

◎着物の色や柄によっては、肌が暗く見える場合があります。目の下のくま、小鼻のまわりの赤み、口のまわりのくすみが残らないよう、丁寧にベースメイクを。

【古典柄のポイント】

◎透明感のある、ふんわりと明るい肌づくりと、上品なメイクを心がけましょう。

◎古典的でも大柄な配色や柄行きの場合は、ポイントを絞ってモダン感覚で仕上げましょう。

【モダン柄のポイント】

◎20～30代⇓洋服感覚で、遊び心のあるメイクを取り入れてみましょう。

◎40代以降⇓目立たせたいポイントを絞って、すっきりと粋な印象に仕上げましょう。

年齢も考慮したいポイントです。20〜30代の方は、洋服と同じ感覚で和装メイクをしても、それほど違和感はありません。自然な眉、ぱっちりとした目もと、自然な血色の頬と、ある程度ナチュラルに見えるメイクであっても、イキイキとした若さがあれば着物に負けずに済みます。

また、和装にふさわしい「品格」を保ちながら、若い世代だからこそ挑戦できるトレンドを活かしたメイクを加えることで、軽やかな雰囲気が出てきます。

しかし、40代以降で同じメイクをすると、加齢による現象がかえって目立ってしまうことがあります。この年齢になると、気になる肌悩みのトップに「シミ」「くすみ」「たるみ」が挙がります。着物は首もとまで華やかな色・柄で覆うので、場合によっては顔写りが悪くなり、くすんで見えることがあります。顔色が暗く見えると、逆にシミやたるみが目立ってしまうことも……。

そのため、フェイスカラーとチークカラーがポイントになります。フェイスカラーを入れることで肌に明るさと透明感を与えることができます。そしてチークカラーで血色を補い、イキイキとした印象に仕上げましょう。

留袖や訪問着のような格調高い着物のときは、ツヤを抑えたふんわりと上質な肌づくりをすると、しっとりと落ち着いた印象になり、着物の格調とよく合います。紬や小紋などのオシャレ着のときは、肌に透明感やツヤを与え、イキイキとしたモダンな印象に仕上げましょう。コーディネートによっては、遊び心を加えても素敵ですね。ぜひメリハリのあるメイクを心がけながら、自然な仕上がりを目指してみてください。

また、着物の柄や帯揚げ、帯締めなどの小物から一色、差し色を取り入れるとオシャレ度がアップします。たとえばピンクの花柄の着物に緑の葉が描かれていた場合、アイメイクにグリーンを少し入れてみてください。全体でなくても、下まぶただけでも素敵です。そのときは、目もとに差し色があるので、口もとの色みは少し抑えて、全体のバランスを調整しましょう。ワンランク上の仕上がりになるはずです。

なお、ヘアを美容室でおこなう場合、髪飾りなどアクセサリーは着物とのコーディネートを考え、自分で選ぶのも楽しみのひとつです。髪飾りがあることで、美容師さんも着物とヘアのトータルバランスをイメージしやすくなります。

最近は和装にも洋装にも合う、オシャレな髪飾りもたくさんあります。着物の色や柄はもちろん、半襟など小物にある色を髪飾りに選ぶと、全体のバランスが取りやすくなりますよ。ぜひ参考にしてみてください。

お悩み⑥

年齢を重ねたメイクの注意ポイントは？

私はメイクカウンセリングを通し、多くのお客様にお会いしています。なかでもエグゼクティブの方向けに、職種やキャリアにふさわしいメイクを提案してきました。そこでアドバイスしたのは、上品で存在感のあるメイクテクニックです。

年齢を重ねるごとにシワやたるみ、くすみ、シミが目立つようになり、さらに顔の筋肉がゆるんできたことで、目もとや唇の輪郭がぼやけてきます。目指したいのはマイナス面をカバーしたうえで、温かさや包容力を感じさせるメイクです。まず、ベースメイクとライン作りにひと手間をかけてみましょう。

● ベースメイク

加齢によって透明感が失われ、くすみやシワが目立ちやすくなります。そこで使いたいのが、肌色をコントロールできる化粧下地です。ピンク系やオレンジ系など、暖色系の下地がくすみを抑えます。さらにコンシーラーを使い、くすみやシミなど、気になる肌悩みを丁寧にカバー。ファンデーションを塗ったあとは、上質で繊細なパール感のフェイスパウダーやチークを重ね、内側からオーラを放つような仕上がりを目指します。

ライン

まぶたや口もとのたるみによって、輪郭がぼやけた印象に。眉、アイライン、リップラインは、上昇ラインを意識して描きます。メリハリのある印象に仕上げるために、アイブロー、アイライナー、リップライナーを使用して、ラインや輪郭はくっきりと描きましょう。

次に、さらにエレガンス度を上げる3つのテクニックを取り入れてみましょう。

イラスト① 「肌ツヤアップ」テクニック

光を肌に集め、生命力と自信にあふれるオーラを演出します。ハイライト効果のあるフェイスカラーを、頬骨の高いところ（黄色の逆Cライン）に沿って、ふんわりと入れます。チークは頬骨よりやや高い位置（赤い楕円のライン）に入れるとより洗練された印象に仕上がり、レッド系のチークが血色をよく見せてくれます。

イラスト② 「目もとメリハリアップ」テクニック

目もとのラインをしっかりと描き、顔全体に活力を与えます。眉はアイブローペンシルとパウダーをダブルで使い、眉尻を少し長めに、自然な太さで仕上げましょう。アイライナーの色は、オフィスシーンではブラウンで優しい目もとを演出。パーティなど華やかな場面では黒のリキッドタイプを使い、上昇ラインを意識して、いつもより3㎜ほど長くくっきりと描いてください。アイラインの終点が、ご自身の目尻よりも下がらないように注意しましょう。マスカラは黒を選び、根元はしっかりと、毛先に進むほど繊細につけ、ボリュームを出しましょう。

イラスト③「唇の立体感アップ」テクニック

ふっくらとした立体感のある唇で、優美さと優しさを表現します。とくに口角と上唇の山は丁寧にリップライナーを使い、立体感のある口もとに仕上げます。とくに口角は上昇ラインを意識し、口角の端まできちんと色をのせてください。口紅は適度にツヤのあるベージュ系やピンク系、レッド系の色みがおすすめです。

①

②

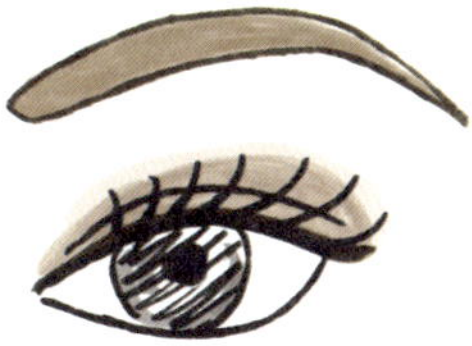

③

お悩み⑦

どんなにケアしても顔が疲れて見える……

日ごろ蓄積した疲労や加齢によって、疲れて老けて見えてしまう……。これは、目もとや口角に下降線があらわれたことで顔全体が下がって見え、それが影になって目立ち、眉や目、唇のフォルムがぼやけてくるためです。

これを解消するためには、顔全体をリフトアップして見せるテクニックが必要です。「老け顔」イメージを決定づけてしまうのが、イラスト①にある赤い点の部分。ここは「眼瞼頬溝《がんけんきょうこう》」と呼ばれる場所です。この悩みの種を逆手に取り、ここを起点に上向きの肌ツヤの帯（イラストで黄色い点線の内側）を作ることで、目もと全体を引き上げるような効果のある商品とメイク方法を開発しました。この部分を「リフティングスポット」と名づけ、このスポットを上手に使うことで、顔全体が引きあがるような印象を与えるメイクを実現したのです。

このスポットを発見したのは、資生堂のブランド「&フェイス　ドレスメソッド」の商品開発と美容法を、プロジェクトで共同開発したときのこと。35歳以上の大人向けで、今までにないコンシーラーのようなものが作りたいという提案がありました。ちょうどある研究者から、横顔を見たとき、目の下の「し」の字にへこむくぼみがあることを聞き、そのときからそのくぼみのことが頭から離れなくなりました。そして、この「し」の字をカバーして顔を引き上げるようなコンシーラーの商品とつけ方を考えたのです。

そこで生まれたのが「フォルムシークレットマーカー」という商品です。通常、コンシーラーは下まぶた、眼窩のあたりにつけますが、それより指一本分下にある眼瞼頬溝を起点として上昇方向にラインを入れるのが特徴です。また、法令線を消すために、口もとにも上昇ラインを描きます（イラスト②）。

ファンデーションを塗ったあとに、イラストの矢印があるラインにマーカーを引き、矢印の方向に指で肌になじませていくと、ほどよいツヤと光の上昇ラインが生まれます。それが顔の筋肉を引き上げて見せて、顔全体のフォルムを若々しく印象づけるのです。なじませ方がポイントですので、よく鏡を見ながらツヤの帯が損なわれないようにしましょう。

フォルムシークレットマーカーを使うと、普通のコンシーラーよりもツヤが出て、肌にぴたっとフィットするので、顔立ちに自然なメリハリを与えます。顔が疲れて見えるときは、下まぶたのくまにコンシーラーを厚塗りするのではなく、リフティングスポットに注目してみてくださいね。

イラスト①
リフティングスポット

赤い点を起点とし、黄色の線の内側を明るくすると、若々しい顔立ちに見えます。

イラスト②
フォルムシークレットマーカーの入れ方

たるみやすい目もとと口もとにマーカーを入れ、指先で軽くたたきながら、矢印の方向になじませていきます。

お悩み⑧

まとめ髪のバランスが決まりません！

最後にヘアアレンジについてもお教えしましょう。

まとめ髪のバランスが苦手な方は、シニヨンの位置とシルエットの見え方による印象の違いを覚えておくと、アレンジしやすくなります。また、前髪の作り方によって、雰囲気はがらりと変わりますので、あわせて覚えておきましょう。「手先が不器用で、ヘアアレンジが苦手……」という方はとても多いのですが、私もたくさん練習して上手になりましたので、たくさん試してみると慣れてきますよ。

ヘアアレンジの際は、自分の髪の特徴や毛流れの方向を知っておくと便利です。髪をとかしたとき、自然にどの方向に流れるのか、どこにつむじや癖があるのかを気にしてみてください。毛流れを活かしてアレンジすると優美でやわらかい印象に、わざと毛流れに逆らうと勢いがついたヘアスタイルになります。

まとめ髪のメソッド

髪をまとめる位置の高低によって、印象は変わります。
これを覚えておくとまとめ髪を使って
上手にイメージコントロールができるでしょう。

トップ

頭頂部に近い位置でまとめると、身長が高くフレッシュな印象に。お団子のサイズが大きくなるほど、元気なムードが強く出ます。

ミドル

後頭部の中央、耳と同じくらいの高さで髪をまとめると、横から見たときに奥行きが感じられ、おだやかな印象になります。

ネープ

襟足の低い位置で髪をまとめると、しっとりと落ち着いた印象になります。大人っぽい着物やドレスに合わせるとピッタリです。

シルエットのメソッド

ヘアデザインはシルエット、形、大きさ、バランスによって、
身長の見え方や顔の印象が大きく変わります。
どこをポイントにしたヘアデザインにするかを意識しましょう。

トップ

正面から見て、頭頂部周辺に髪のボリュームが見えると、とても華やかな印象になります。また、身長を高く見せるのにも効果的です。

ミドル

正面から見て、耳の横に張り出す形で髪にボリュームをもたせると、シルエットが横に広がり、フレッシュで愛らしい印象に。

ネープ

正面から見て、耳の下から襟足に向けて下にボリュームをもたせると、落ち着いた印象に。女性らしい雰囲気を出したいときに最適。

前髪のメソッド

前髪のデザインで顔の印象は大きく変わります。

額をすっきり出すと清潔感があり、ノーブルな印象に。

でも輪郭がそのまま出るので、丸顔すぎる人や面長すぎる人が試す場合は、以下のメソッドを活用しましょう。

フルバング

眉にかかる程度の前髪は額を短く見せ、瞳に注目を集めます。まっすぐな前髪は個性的な印象に、曲線的な前髪だと愛らしい印象になります。

サイドパート

前髪7：3〜8：2くらいで斜めに流したスタイルは、顔立ちを縦長に演出し、スッキリと大人っぽく仕上がります。

センターパート

センターで前髪を分けると、面長に見え、エキゾチックでクラシカルな印象に。前髪は額の形に沿わせ、少し耳にかけると優しい雰囲気になります。

堂々としたキレのある美しさ……
アヴァンギャルドな鎌田流メイクの魅力

——中野裕之（映画監督）

鎌田さんと僕が出会ったのは、京都で開催されている「ファッションカンタータ from KYOTO」からです。大覚寺で開催された年には、女優の杏さんが大きな花を頭につけ、着物で登場したのですが、そのときの杏さんのヘアメイクと歩き方が、とても印象に残ったんです。今までの和装の固定概念がいい意味で崩れて、僕は大喜びしました。

僕は時代劇の映画を撮影したとき、基本は抑えながらも相当好きなことをやったのですが、さらに自由なものを見た気がした。今は21世紀だし、杏さんみたいなスレンダーで手足の長い人の和装とヘアメイクは、こんなふうに変わってきていいんだよなって。最高にカッコいいなと感じたことを強烈に覚えています。

鎌田さんが生み出すクリエーションは、いつも「綺麗」。綺麗のなかに「カッコいい」が入ってくる。もちろん「かわいい」を作ることもできるけど、かわいい人のなかにある、綺麗な瞬間を作り出せるのが、鎌田さんの最大のアイデンティティだと思います。かわいいモデルさんが、まったく変わった顔で登場して、僕はいつも「おーっ！」と思う。この「おーっ」というのが、一緒に仕事していて楽しい瞬間なんです。

資生堂のメイクは昔から「綺麗」なメイクだと思います。この書籍のために撮影された写真も、ただ一言「美しい」。それだけで十分なんです。美しさが、どれだけ人を癒すことか。かわいいものも癒してはくれますが、「美しい」の治癒力はその何倍ものパワーを持っていると思います。

世の中には、汚いメイクってたくさんあるんですよ。濃いメイクを下手にこじらせて、汚くて怖いメイクになることがある。でも資生堂は、絶対に汚い方向には転ばない。濃くしても、きちんとモードになります。汚く転ばないように守る防波堤のようなものを、資生堂のアーティスト全員が共通認識として持っている。

資生堂のアーティストがチームを組んでショーのヘアメイクをやるとき、その防波堤が最大の力を発揮します。鎌田さんのような人がチーフとなって全員をディレクションするとき、それぞれが個性を発揮しながらも「ここから下はやってはいけない」というラインが、確実に伝達する。みんなでメイクを研究しているから資生堂らしい系譜ができあがっていて、その場でわざわざ言う必要がないんです。そのブレのなさは強みだし、会社員アーティストならではの底力です。

その底力を持っているのは、ただ物を作って商売したいという考えではなく、鎌田さんはじめとするアーティストが「メイクで人をどれだけ幸せにできるか？」を考えて続けているからだと思う。一貫したエンタテインメント性が、社内の気風にあるのだと思います。人を楽しませたい、ちょっと変わったことをしてみんなを驚かせたいというのは、僕が仕事をしてきたアーティストたちの共通点です。

なかでも鎌田さんのメイクは、ご本人が「好き」なものをわかっているから、最高に綺麗な瞬間を抑えたものが仕上がります。自分が「好き」というものを理解することは、実は難しいんですよ。それは自分がなにを求めているのかを探ること、つまり人生を探すことと同じですから。

そして、とにかくキレがいい。キレがよくてシャープで、ツヤっぽくて、高画質なイメージ……。堂々として絶対に逃げず、ばちっと決めてくれるカッコよさがある。そこが素敵です。綺麗さやカッコよさがなくても生きていくことはできるけど、それにしびれる感じを体験しておいたほうが、人生は絶対に楽しい。だから僕は、鎌田さんの作品から目が離せません。

7年くらい鎌田さんの作品を拝見してきて、さらにアヴァンギャルドになっている印象がありますね。「もっとやってもいいんだ！」って開放しつつある気がする。僕はそんなふうに見ています。思慮深い方ですが、もっとモードを追及するところに遠慮なく進んでほしい。そんな〝CHANGE〟を楽しみにしています。

◉ **洋装写真（P126〜131）**
クリスタルガラスのネックレス／Ailes D'or（エールドール）

◉ **洋装写真（P132〜137）／カバー帯・表**
イヤリング＆ブレスレット／entiere（日欧貿易）

◉ **和装写真（P138〜141）**
桜のかんざし／榮 作

◉ **和装写真（P142〜143）**
プロテア柄 京紅型染め小紋／和染工房 栗山公房（小紋屋髙田勝）、木彫りにベビーパールのついたかんざし／木ぼりや（水金地火木土天冥海）

※表記のないものは、すべてスタイリスト私物です

▼ 問い合わせ一覧

あ　**エールドール**
http://www.ailesdor.com/
☎03-6416-3379

か　**小紋屋髙田勝**
http://www.komon.net/

さ　**榮**
http://sakaefly.exblog.jp/

資生堂＆資生堂インターナショナル
商品のお問い合わせ
0120-30-4710
（9：00〜21：00／年中無休
※年末年始、法令点検日除く）

水金地火木土天冥海
http://suikinhpf.com/
☎03-3406-0888

な　**日欧貿易**
http://www.nichioh.com/
☎03-3479-4925

NIWAKA 南青山プレス
http://www.niwaka.com/
☎03-3796-0805

NOBORU SHIONOYA
http://www.noborushionoya.com/
☎03-3486-4490

ら　**ロイヤル チエ**
http://www.royalchie.com/
☎03-5213-8870

商品一覧

● **巻頭写真（P10～15）**

ホワイトフォックスのファー／ロイヤル チエ、ダイヤモンドとライトブルーサファイアネックレス（白透）＆花形のダイヤモンドリング（花麗）／NIWAKA（俄 南青山プレス）

● **巻頭写真（P16～21）／カバー帯・裏**

グリーンクォーツのカラーリング（睡蓮）／NIWAKA（俄 南青山プレス）、ゴールドのスクエアリング＆ゴールドのネックレス＆ゴールドのボディジュエリー／NOBORU SHIONOYA

● **小物写真（P72～73）**

①アルティミューン パワライジングコンセントレート／資生堂、②バイタルパーフェクション ホワイトRV エマルジョン／資生堂、③バイタルパーフェクション ホワイトRV ソフナー／資生堂、④スプラッシュジェリーミスト／リバイタル グラナス、⑤セラムプールレレーブル／クレ・ド・ポー ボーテ、⑥資生堂メーキャップコットンチップ（S）※、⑦ザ・メーキャップ ブラッシュブラシ／資生堂、⑧ザ・メーキャップ パウダーブラシ／資生堂、⑨ドレスメソッド フェイスカラーN OR1／＆フェイス、⑩フェースカラー エンハンシングトリオRD1／資生堂、⑪フューチャーソリューションLX トータルプロテクティブクリーム／資生堂、⑫フューチャーソリューション LX エクストラリッチ クレンジングフォーム／資生堂、⑬資生堂お手入れコットンn、⑭オンブルクルールクアドリn302／クレ・ド・ポー ボーテ、⑮シュエトゥールズ アイカラーブラシ（L）／資生堂※、⑯オンブルクルールクアドリn 301／クレ・ド・ポー ボーテ、⑰オンブルクルールクアドリn 305／クレ・ド・ポー ボーテ、⑱ドレスメソッド フォルムプロットライナー BE／＆フェイス、⑲セオティ スマートアイライナー BK99／ベネフィーク※、⑳ラッカーグロスVI207／資生堂、㉑ラッカーグロス OR303／資生堂、㉒ヴェールドルージュPK304／資生堂、㉓ヴェールドルージュ BE301／資生堂、㉔ドレスメソッド アイブローファンデーション LBR／＆フェイス、㉕シュエトゥールズ ブロー＆ラインブラシ／資生堂※、㉖シュエトゥールズ ブロー＆アイラッシュブラシ／資生堂※、㉗ドレスメソッド リキッドアイラッシュカーラー BK／＆フェイス、㉘マスカラシルエトフェ／クレ・ド・ポー ボーテ、㉙シアーアンドパーフェクト ファンデーション／資生堂、㉚タンフリュイドエクラ／クレ・ド・ポー ボーテ、㉛プードルトランスパランs／クレ・ド・ポー ボーテ（※印はすべて資生堂、それ以外はすべて資生堂インターナショナル）

● **小物写真（P74）**

右上から時計回りに：オンブルクルールクアドリn 304／クレ・ド・ポー ボーテ、ヴェールドルージュPK304／資生堂、ルミナイジング サテンアイカラー トリオ RD711／資生堂、ドラマティックルージュ RD324／マキアージュ※、ドラマティックムードヴェール RD100／マキアージュ※、オンブルクルールクアドリn 310／クレ・ド・ポー ボーテ、ファアレーブル3／セルジュルタンス、ルミナイジング サテンアイカラー トリオ RD299／資生堂、ドラマティックルージュOR221／マキアージュ、ドラマティックムードヴェール PK200／マキアージュ※（※印はすべて資生堂、それ以外はすべて資生堂インターナショナル）

ヘアメイク

鎌田由美子（かまだゆみこ）

資生堂トップヘア＆メーキャップアーティスト。1987年、SABFA（Shiseido Academy of Beauty & Fashion）卒業と同時に、株式会社資生堂に入社。資生堂のヘア・メーキャップアーティストとして宣伝広告・CM撮影に参加するほか、ビューティコンサルタントの教育まで幅広く手がける。メーキャップブランド「INOUI」や「資生堂 バイタルパーフェクション」など数多くのブランドや、「＆フェイス ドレスメソッド」のビューティーディレクターとして商品開発、美容法の開発、宣伝広告・CM撮影を担当してきた。一方で、着物とヘア・メーキャップのトータル美を追求。1992年にスタートした「ファッションカンタータ from KYOTO」では、ショーのヘアメイク総合監修を務めている。「質感に基づく化粧方法及び質感イメージマップ」（特許第4849761号）、「化粧方法、化粧シミュレーション装置及びシミュレーションプログラム（化粧方法、横顔ファイナルゾーン）」（特許第5432532号）などの美容法開発、「ハイビジョンメーキャップ」などのソフト開発も多数。全日本婚礼美容家協会講師、日本フォーマル協会講師。著書に『鎌田由美子 着物ヘアメイクの発想 SHISEIDO KIMONO BEAUTY』（誠文堂新光社）がある。
http://hma.shiseidogroup.jp/kamada/

STAFF

編集・原稿：富永明子
デザイン：宮崎絵美子
イラスト：ミヤギユカリ

ヘアメイク：
山田暢子・西森由貴（資生堂）
着付け：
石山美津江
スタイリング／洋装：
大谷真美（セブン・ハーフ）
スタイリング／和装：
秋月洋子

撮影／モデル：
小池 徹（buffo）
デジタルオペレーター：
加藤エリ
撮影／静物、鎌田：
鈴木花美・福田宏美（資生堂）

モデル：崎野亜紀子

宣伝&コーディネーター：
壬生陽子（資生堂）

Special Thanks
MIKA、津田真理、岸田佳子、
羽田登喜、藤井浩、西田裕子、
羽田登洋、高田哲史、榮、NOBU、
NOBORU SHIONOYA、
AKIKO、MAKOTO

CHANGE!《チェンジ》
鎌田由美子流《かまだゆみこりゅう》 メイクで人生《じんせい》を素敵《すてき》に変《か》える

2015年12月24日　発　行　　NDC595

著　者　鎌田由美子《かまだゆみこ》

発行者　小川雄一

発行所　株式会社 誠文堂新光社
〒113-0033
東京都文京区本郷3-3-11
（編集）03-5805-7285
（販売）03-5800-5780
http://www.seibundo-shinkosha.net/

印刷所　株式会社 大熊整美堂
製本所　和光堂 株式会社

ISBN978-4-416-71531-4

※本書の情報は2015年11月18日現在のものです。掲載されている商品は変更の可能性がありますので、あらかじめご了承ください。